AF453907

COURS D'ENSEIGNEMENT PRIMAIRE ÉLÉMENTAIRE

# LIVRET

## DE

# LECTURE

POUR LE

## COURS PRÉPARATOIRE

PAR

## J. TOUSSAINT

Inspecteur de l'Enseignement primaire

Officier d'Académie

---

VOUZIERS

LIBRAIRIE LEFLON-LADAME

TOUS DROITS RÉSERVÉS

1891

# AUX MAITRES

**1.** — Mettre dans le plus bref délai possible les enfants en état de lire couramment est un résultat vivement désiré, ardemment poursuivi par les maîtres, sans que leurs efforts soient toujours couronnés de succès.

**2.** — Nous nous proposons d'alléger leur tâche, d'assurer les progrès des élèves et de réduire autant que possible le temps consacré à l'apprentissage de la lecture matérielle, en leur offrant une *Méthode* où les éléments, groupés en petit nombre pour chaque leçon, se présentent suivant un ordre de difficulté croissante et se retrouvent dans une série d'exercices nombreux et gradués.

**3.** — Ces exercices sont répartis dans des leçons correspondantes, tant sur des *Tableaux muraux*, dont chaque école doit être pourvue, que dans un *Livret* dont chaque élève doit avoir un exemplaire.

**4.** — Le programme que nous avons développé est celui du *Cours préparatoire* annexé à l'arrêté du 18 janvier 1887, savoir : *Lettres, syllabes, mots,* auquel nous avons ajouté : *Phrases.*

## OBSERVATIONS GÉNÉRALES

**5.** — La gradation des difficultés et la variété dans les exercices ne sont pas les seules conditions de succès : il faut y joindre l'emploi de procédés rationnels, c'est-à-dire adaptés au but que l'on se propose d'atteindre. Nous en rappelons ici quelques-uns.

**6.** — Chaque leçon comprend des exercices au *Tableau noir*, au *Tableau mural* et au *Livret.* Les lettres et les syllabes sont surtout étudiées au tableau noir et sur le tableau mural, les mots et les phrases sont étudiés dans le livret.

**7.** — La durée de chaque leçon est de 10 minutes environ, et il en faut **3** en moyenne pour étudier la matière des deux leçons portant le même numéro d'ordre sur les tableaux et dans le livret : ces deux leçons ne doivent jamais être séparées pour l'étude.

**8.** — Il n'est pas toujours nécessaire d'épuiser tous les exercices d'une leçon : on passe à la suivante dès que les enfants possèdent bien les éléments de la précédente, sauf à revenir à cette dernière dans les récapitulations.

**9.** — Les récapitulations doivent se faire de temps en temps, en moyenne toutes les 5 ou 6 leçons. Il suffit de revoir dans chaque leçon une ligne ou un paragraphe pris au hasard ou suivant un ordre déterminé.

**10.** — Il importe que les élèves voient distinctement les caractères écrits au tableau noir ou imprimés sur le tableau mural. Le moyen le plus certain d'obtenir ce résultat est de placer pour chaque leçon les élèves en demi-cercle en face du tableau. Cette disposition est encore celle qui permet au maître de s'assurer facilement que tous les élèves suivent sur leur livret le texte lu par tous ou par l'un d'eux. Placé au centre du cercle ou circulant derrière les élèves, il voit sans effort s'ils placent sous la syllabe prononcée la pointe du petit indicateur dont chacun doit être pourvu.

**11.** — Lorsqu'un élève hésite, il ne faut pas le presser; s'il se trompe, on l'en avertit par un signal convenu, et au lieu de prononcer immédiatement en son lieu et place sans lui donner la peine de chercher l'élément qui fait l'objet de son hésitation ou de son erreur, on le lui écrit au tableau noir ou on le lui montre au tableau mural.

**12.** — Il est bon que le maître, par des explications convenables, rende dans la mesure du possible les mots et les phrases intelligibles aux enfants. Mais il ne faut pas oublier que le but poursuivi est de vaincre les difficultés de la lecture matérielle, c'est-à-dire de prononcer sans hésiter certains sons à la vue de certains signes graphiques, et que la lecture courante et accentuée est réservée aux cours suivants.

**13.** — Dans les écoles à un seul maître, l'emploi des moniteurs ou aides est presque une nécessité. Pour l'enseignement de la lecture, leur rôle doit se borner à celui de répétiteurs, faisant revoir au tableau noir ou sur le tableau mural les éléments précédemment enseignés par le maître en leur présence. La lecture dans les livrets, en raison de son importance et des difficultés qu'elle présente, se fait exclusivement sous la direction du maître.

**14.** — Nous estimons que l'enseignement de la *lecture* et celui de *l'écriture* ont chacun leur objet propre, et que s'ils doivent se soutenir, ils ne doivent pas se contrarier. Aussi, si nous n'avons pas cru devoir introduire dans notre méthode les caractères manuscrits dont la reproduction rentre dans le domaine spécial de l'écriture, néanmoins nous avons groupé et classé les éléments dans un ordre qui permet d'utiliser pour l'enseignement de l'écriture le texte même des leçons de lecture, de sorte que les deux enseignements puissent se prêter un mutuel appui. Par le fait, ce même texte permet de donner les premières notions *d'orthographe*.

---

# OBSERVATIONS SPÉCIALES A CHAQUE LEÇON

**15.** — Pour la lecture, en règle générale et sauf explication contraire, les lettres se prononcent avec leur valeur phonique dans l'ordre où elles se succèdent : cette règle ne souffre pas d'exception jusqu'à la 18e leçon.

**16.** — **1re Leçon.** — Le maître prononce le son O et le fait répéter par les enfants, collectivement d'abord, puis individuellement.

**17.** — Il trace ensuite à la craie au tableau noir la lettre O en caractère d'imprimerie, puis, montrant la lettre avec l'extrémité d'une baguette, il prononce le son O que les élèves répètent comme il est dit ci-dessus.

**18.** — Il montre ensuite sur le tableau de lecture les O de la 1re *Leçon* et les élèves prononcent le son O chaque fois qu'on leur montre la lettre.

**19.** - - Puis on leur fait rechercher et prononcer les O qui sont dans la 1re *Leçon* du tableau et dans celle du livret.

**20.** — On répète la même série d'exercices avec la lettre i.

**21.** — Puis le maître écrit au tableau tantôt O, tantôt i ; ou bien il montre sur le tableau de lecture l'une ou l'autre de ces lettres, et les élèves soit collectivement, soit individuellement, prononcent chaque fois le son qu'elles représentent.

**22.** — Le maître peut encore prononcer l'une des lettres et un enfant la cherche et la montre à l'aide de la baguette sur le tableau de lecture.

**23.** — Puis chaque élève lit une ligne de la 1re *Leçon* sur le tableau d'abord, dans le livret ensuite.

**24.** — La **2e**, la **3e** et la **4e Leçon** donnent lieu aux mêmes exercices.

**25.** — **5e Leçon.** — Le maître prononce te en articulant fortement la consonne et en atténuant le son de l'e final, et fait sur le t la série d'exercices indiqués ci-dessus, nos 16 à 19.

**26.** — Puis il écrit au tableau noir, toujours en caractère d'imprimerie, et dans un ordre quelconque, mais sur deux lignes dont l'une est la répétition de l'autre, les voyelles qui présenteront par exemple la disposition suivante :

$$a \qquad o \qquad e \qquad i \qquad é \qquad u$$
$$a \qquad o \qquad e \qquad i \qquad é \qquad u$$

**27.** — Il écrit ensuite t devant l'a de la 2e ligne, et prononce en même temps la syllabe ta résultant du groupement des deux lettres; les enfants répètent ensuite collectivement, puis individuellement cette syllabe. On procède de même avec chacune des voyelles de la 2e ligne, et l'on a finalement la disposition suivante :

$$a \qquad o \qquad e \qquad i \qquad é \qquad u$$
$$ta \qquad to \qquad te \qquad ti \qquad té \qquad tu$$

**28.** — Alors le maître fera faire la lecture des deux lignes dans l'ordre suivant : a, ta ; o, to ; etc., de manière que les enfants saisissent bien la modification apportée au son fondamental par la présence du t.

**29.** — Le maître fera lire ensuite, soit de gauche à droite, soit sans aucun ordre, collectivement, puis individuellement les syllabes de la 1re ligne de la 5e *Leçon* des tableaux.

**30.** — On répète avec l' la série d'exercices indiqués sous les nos 25 à 29.

**31.** — Puis on fait avec les syllabes des deux premières lignes de la 5e *Leçon* (1er Tableau) des exercices analogues à ceux qui sont indiqués pour o et i aux nos 21 et 22 ci-dessus. Les enfants sont alors en état de lire la phrase mnémonique qui termine la leçon et la résume.

**32.** — On passe ensuite à la lecture des mots de la 5e *Leçon* du livret. Les élèves lisent successivement chacun un mot. Ils lisent ensuite chacun une phrase.

**33.** — **6e à 12e Leçon.** — On fait avec les éléments étudiés dans chaque leçon les mêmes exercices que ceux qui viennent d'être indiqués pour la 5e (nos 25 à 32 ci-dessus).

**34.** — **13e Leçon.** — Mêmes exercices que pour la 5e. Bien aspirer l'h. Expliquer que le ç sonne comme s.

**35.** — **14e Leçon.** — Exercices analogues à ceux de la 5e leçon. A proprement parler, il n'y a pas ici de difficulté nouvelle pour les enfants. Ils connaissent a et b ; il suffit qu'ils prononcent ces deux lettres avec leur son propre, dans l'ordre où elles se présentent a be en atténuant le son de l'e final.

**36.** — **15e Leçon.** — Rien de bien nouveau encore dans cette leçon. Les enfants savent lire ba, par exemple ; on ajoute c, ce qui donne bac, et ainsi des autres combinaisons. Mêmes exercices qu'à la 5e leçon.

**37.** — **16e Leçon.** — C'est toujours l'application du même principe. Les enfants savent lire l'a ; on place b devant ce groupe de lettres et l'on obtient bra, qu'on lit en prononçant chaque lettre avec le son qui lui est propre. Procéder comme à la 5e Leçon.

**38.** — **17e Leçon.** — Pas de sérieuse difficulté. Les enfants savent lire bra, on ajoute c et l'on a brac. Même série d'exercices qu'à la 5e Leçon.

**39.** — **18e Leçon.** — Pour l'étude des sons eu, ou, oi, et des syllabes qu'ils servent à former, procéder comme il est dit à la 1re et à la 5e Leçon. Chacun de ces sons se prononce par une seule émission de voix, comme une voyelle simple. Mais il est utile de faire remarquer aux enfants les lettres qui, groupées, représentent chacun de ces sons, et l'ordre dans lequel elles se suivent. Cette observation s'applique à tous les sons et articulations polygrammes.

**40.** — **19e Leçon.** — Mêmes procédés qu'aux Leçons 14 à 17.

**41.** — **20e et 21e Leçon.** — On procède comme il est dit à la 18e.

**42.** — **22e Leçon.** — Comme à la 19e.

**43.** — **23e Leçon.** — Pour l'étude de ch et gn procéder comme à la 5e leçon. Chaque groupe de lettres est prononcé par une seule émission de voix che, gne, en atténuant le son de l'e final.

**44.** — **24e Leçon.** — Expliquer, en procédant comme à la 5e Leçon, que k, q, qu, (prononcez ca, cu, cu u) sonnent comme c.

**45.** — **25e Leçon.** — Comme à la 5e, en faisant remarquer que l'apostrophe ne modifie pas le son de la lettre qu'elle accompagne.

**46.** — **26e Leçon.** — Procéder comme à la 5e Leçon pour chaque élément à l'étude, en faisant observer que l'h ne se prononce pas dans le corps des mots.

**47.** — **27e Leçon.** — Faire remarquer que ph sonne comme f, et que y (l'appeler **i grec**) sonne comme i, en procédant, pour y, comme il est dit à la 1re leçon et pour **ph** comme il est dit à la 5e.

**48. — 28e à 30e Leçon.** — Faire remarquer les équivalences et procéder comme à la 18e Leçon.

**49. — 31e Leçon.** — Faire remarquer séparément que c sonne s et que g sonne j, devant e, é, i, y, et procéder comme à la 5e et à la 15e leçon.

**50. — 32e Leçon.** — Faire remarquer d'abord que **ge** sonne j devant a, o, ensuite que **gu** sonne g devant a, e, é, i, o, et procéder comme à la 31e Leçon.

**51. — 33e à 40e Leçon.** — Faire remarquer pour chaque majuscule qu'elle sonne comme sa correspondante minuscule et procéder comme à la 5e Leçon. A partir de la 33e Leçon, il n'y a plus au *Livret* de mots isolés. Après l'étude des syllabes du tableau, chaque enfant lit une phrase de la leçon correspondante du *Livret.*

**52. — 41e Leçon.** — Faire remarquer en lisant les mots associés du tableau que le groupe **es** se prononce è dans **mes, tes, ses, les, des, ces** et dans **tu es**, et que ce même groupe se prononce e *à la fin* des mots. Passer ensuite à la lecture des phrases de la 41e Leçon du *Livret*. A partir de cette Leçon les syllabes des mots des trois derniers paragraphes ne sont plus séparées.

**53. — 42e à 44e Leçon.** — Faire remarquer, en lisant de haut en bas les mots de chaque colonne du tableau, que t, d, s ne se prononcent pas *à la fin* des mots. Faire lire ensuite la leçon correspondante du *Livret.*

**54. — 45e et 46e Leçon.** — Faire remarquer, en procédant comme à la Leçon précédente, que **ts, ds, x** ne se prononcent pas *à la fin* des mots.

**55. — 47e et 48e Leçon.** — Faire remarquer que **ez, er, ers** se prononcent è *à la fin* des mots. Procéder de même pour les autres équivalences et terminer comme il est dit à la 42e Leçon.

**56. — 49e Leçon.** — Etudier séparément chaque groupe de lettres comme il est dit à la 18e et à la 42e Leçon.

**57. — 50e Leçon.** — Expliquer que a, e, é, i, o, u, y sont des *voyelles* et que *les autres lettres* sont des *consonnes*, puis que s placé entre deux voyelles sonne comme z. Faire remarquer les équivalences **ay** == **ai i**, etc., *dans le corps des mots*, puis finir comme il est dit à la 42e Leçon.

**58. — 51e Leçon.** — Faire remarquer, en procédant comme à la 42e leçon, que **er, es, et** sonnent èr', ès', èt' devant une syllabe *commençant par une consonne.*

**59. — 52e Leçon.** — Expliquer que **ec, el,** etc., se prononcent èque, èle, etc., *à la fin* des mots et devant une syllabe *commençant par une consonne*, et finir comme il est dit à la 42e Leçon.

**60. — 53e Leçon.** — Expliquer, en procédant comme à la 42e Leçon, que **ent** se prononcent e après une consonne *à la fin* des mots précédés de **ils, elles,** et que e se prononcent è devant x.

**61. — 54e Leçon.** — Expliquer que **tion** se prononce **sion,** sauf dans les mots précédés de **nous** et dans **stion** ; que **il l, mil l, vil l,** au *commencement* des mots n'ont pas le son mouillé. Finir comme à la 42e Leçon.

**62. — 55e Leçon.** — Expliquer que a, i, o conservent leur son propre devant **n n** ou **m m.** Terminer comme il est indiqué à la 42e leçon.

**63. — 56e Leçon.** — Expliquer, en procédant comme à la 42e Leçon, que **ien, iens** se prononcent i in *la fin* des mots ; que **en n** se prononce ènc et que **em ment** se pronon... a ment.

## Première Leçon. (1)

o i

i o o i

o i i o

i io o

---

## Deuxième Leçon.

u a

a i u a

u o a u

a u o a

ua io ui oa

iu ia

---

(1) Voir, pour chaque leçon, les directions pédagogiques placées en
tête du Livret.

### Troisième Leçon.

e é

| | | | |
|---|---|---|---|
| é | e | i | é |
| e | i | é | e |
| é | u | e | é |
| éo | éi | ea | |
| oé | ie | ié | |
| ue | ué | aé | |

---

### Quatrième Leçon.

é é

ô î â û

ï à

| | | | | | |
|---|---|---|---|---|---|
| è | î | ô | û | ê | à |
| ï | ô | è | à | î | û |
| à | û | î | è | â | ï |
| | iè | aï | oï | | |

**Cinquième Leçon.**

# t r

tê te,   ò ta,   ra tu re

re ti ré,   ti re ra,   ti re

ra te ra,   ra té,   rô ti ra

ta ri,   ru é,   ta ta,   é tu i

ra re,   é té,   ra tu ré

re ti ra,   ti ré,   ri te

è re,   a rè te,   ta ri ra

to re,   ru a,   ti a re

ta ra re,   ô te,   re ti re

re ti re ra,   ri re,   ra ta

i ra,   tu é tu,   tê   té ta

ta re,   ro tu re,   é ti ré

ra re té, ô té, ô te ra
ti ra, ri ra, ra te, rô ti
tu a, tâ té, tâ te, ru e
ra ti è re, a é ré, ta ri è re

ta tê te a é té tâ té e
re ti re ta tê te
ô te ta tê ti è re
ta ta ri è re a é té ô té e

tâ te ta tê te
ô te ta ra ti è re
re ti re ta ta ri è re
ta ru e a é té a é ré e

ta ra ti è re a é té ô té e
ô te ta ta ri è re
re ti re ta tê ti è re
ta tê te a é té re ti ré e

Sixième Leçon.

# m v

mère, rave, mari, ravi
rêvé, rame, ove, mime
avare, mire, rivière
remué, rêvera, étamé

amère, ami, avivé, ému
vomi, rêve, marié, vue
rive, mire, vêtu, marié
mûri, évita, mie, vota

vive, mare, revu, même
rivière, rime, varié
rêva, maritime, vite
morue, avarié, momie

mé ri té,  vé ri té,  re mu é
va ri é té,  i mi té,  re vu
mu e,  re vê tu,  mé té o re
ra vi ra,  mu ré,  ré vé ré

ma mè re a é té é mu e
va vi te à ta re vu e
ma mè re a vu ma mi re
ta ra ve mû ri ra

ma mè re a rê vé
ma ma re ta ri ra
rè vè re ta mè re
ma mè re a vo mi

ma mè re va ri re
ta ra tu re a é té vu e
ma mè re me vê ti ra
ma ra ve a mû ri

Septième Leçon.

# n  c

coco, u ni, ca ve, me na
me né, ca rê me, ma ri ne
ca na ri, na ri ne, cô te
u na ni me, ca ra va ne

ca ne, mu ti ne, co mi té
â ne, ca ca o, nu mé ro
cu i re, ma ti né e, cô ne
ma ni é, é cu ri e, u ni té

ca rè ne, u ne, cô té, né
cu ve, a mè ne, co co te
ru i ne, ca ra co, mi nute
vé cu, no ta, co mè te, nu

mène, curé, nié, carié
nuée, caricature, nui
mica, inanimé, écume
économe, macaroni

ôte une unité
va à ma cave
vénère ta mère
anime ta mine

manie une cuve
ta mère a vu une cave
tâte ta narine
tire une caricature

ma naïveté me nuira
une cane cuira
ramène ta cuve
récure une cocote

## Huitième Leçon.

# j   l

le vé, je té, mê la, je ta
li mi te, ju ré, lo ca le
ma jo ré, la cu ne, jo li
é co li è re, ma jo ri té

re je ta, la me, jo li e
lo ca li té, ju re, li é
ja ve lé, é li re, é le vé
ju i ve, lo to, ré a li té

re je té, la vé, ju re ra
li re, jo vi a le, é lè ve
ca jo lé, cu mu lé, vo lé
ca la mi té, ja le, é lu

ma ti na le, ja ve li ne
re cu lé, mi jo té, vi le
lu i ra, ju ra, é co le
la té ra le, é ja cu lé

la lu mi è re lu i ra
je lu i la ve la tê te
la ju i ve a vu la lu ne
la ma jo ri té a vo té

je la ve la cu ve
é lè ve la ja ve li ne
je re cu le la lu mi è re
le ju ré lè ve la tê te

je li me la la me
la mè re je ta le lo to
je re lè ve la li ti è re
mè ne la jo li e ca va le

Neuvième Leçon.

# b  g

o bo le, lé gu me, bu re
bi tu me, bi ga me, cu be
ga re, bu ti ne, ba vu re
bo bi ne, ré ga la, bo bo

ga le ri e, bu ri ne, gâ té
ja bo té, ga la, ba vé
é ga li té, ju ju be, bo a
ba bi o le, é ga le, gâ te

lé ga le, ca ba ne, ga le
ju bi lé, ri go le, bi le
é ga la, ta ba ti è re, bu
bi è re, ré gu li è re, bâ ti

robe, régalera, bête
gamine, tube, égaré
buriné, galène, lobe
gabari, cabine, gobé

la gare a été rebâtie
gare à ma jolie robe
la gamine obéira
la robe a été égarée

la bête a une babine
je me gâte la bile
la bière a été bue
la bobine a été égarée

je régale une bête
la robe a été gâtée
le boa a bavé
la gamine a bu la bière

**Dixième Leçon.**

# f d

fê te, mi di, fi lé, do ré

fu ma, dî né, fa né, da me

dé fi, dé bi le, ré fu té

fi gu re, dé da le, fè ve


dé fi le, dé vi dé, fi ni

ca ra fe, dé jà, fa ri ne

dé di é, fi dè le, do du

fi è re, ma da me, dé fi ni


fi o le, ma la de, dé di re

ba di ne, dé fi gu ré, dé

fi dé li té, fa vo ri, dû

dé fi lé, dé ri dé, ca fé

fu tu re,  di re,  dé fe ra
du re,  fi o le,  do di né
ca fe ti è re,  dé du i re
dé ri de ra,  fi la tu re

ju re de  di re  la  vé ri té
la  fa mi ne  a  é té  du re
ma da me  fe ra  la  fè te
le  ca ma ra de  a  fu mé

ti re  la  fi o le  de  bi è re
dé ri de  ta  fi gu re
dé co lo re  la  fé cu le
je  dé bi te  du  ca fé

ma da me  dî ne  à  mi di
vi de  la  fi ne  fa ri ne
le  ma la de  a  dé li ré
je  fa ne  la  fé ve ro le

**Onzième Leçon.**

# p   s

se mé,  pè re,  sa li,  pi le
pa pa,  sa li ra,  sû re té
so lo,  pu re té,  sa la de
é pi ne,  si re,  pa vé,  su

pa pe,  sû re,  pà té,  so le
po li,  sé vè re,  ra pi de
sa li ve,  pi é té,  sû re
pe lé,  sa ti né,  o pé ra

pi pe,  sa li ne,  pu ni ra
sa le té,  pa ru,  sa me di
la pi dé,  si rè ne,  pa ré
so no re,  ré pé ta,  si te

pu ni, sa li, é pe lé

sa lu é, dé pé ri, so li de

é pu ré, su bi te, pa ru re

sû re té, pa ri é, se ri ne


le pà té se ra sa lé

la pe ti te se sa li ra

je la ve sa fi gu re pà le

pa pa a sa lu é le si re


la sa la de se ra sa lé e

pa pa se pà me de ri re

sa pe ti te ro be me va

la pà te se ra du re


le so fa se ra sa li

pa pa fu me sa pi pe

le dé pu té se ra é lu

pa pa go be la pi lu le

Douzième Leçon.

## Z    X

zé lé, re ta xé, mé lè ze
a xe, zo ne, ma xi me
zé ro, a xi o me, ri xe
ga ze, fi xe, a ma zo ne

zè le, fi xe ra, a zu ré
ta xe ra, a zo té, fi xé
o zo ne, lu xé, a zo ta te
ta xé, to pa ze, fi xi té

ta xa, zi be li ne, bo xe
zo na, fi xa, a zo tu re
lu xe ra, a zo te, i xi a
ga zé, lu xu re, ma la xé

o xa la te, zè bu, re la xé
zi za ni e, ta xe, o xa li de
lu xa, re la xe ra, o zè ne
zo di a ca le, pa ra do xe

le pè re zé lé va vi te
la ri xe se ra fa ta le
sa ro be a ma zo ne me va
la ta xe se ra du e

la ve ma ro be de ga ze
le lu xe me ru i ne ra
je sè me la zi za ni e
le ca fé se ra ta xé

le zé ro se ra ra tu ré
pa pa a le ti bi a lu xé
le mé lè ze se ra é le vé
pa pa fi xe ra la tê te

**Treizième Leçon.**

s

h   ç

hâ te,  me na ça,  hè le ra

fa ça de,  hu re,  su ço te

ha ï ra,  dé pe ça,  ho là

re çu,  hâ ve,  hu me ra


é pi ça,  hâ lé e,  de çà

hâ te ra,  re çu e,  hè re

su ço té,  hi le,  hâ ta

hâ lé,  a ga ça,  hà ti ve


hâ té,  su ço te ra,  hé lé

po li ça,  ha ï,  hà le ra

hé,  ra pi é ça, hu é e

dé çu e,  hu mé,  no ça

hà lé, dé çu, hu me
la ça, hà ti ve té, su ça
hu ne, su ço té e, ha ï e
dé la ça, hu é, ha ro

ma mè re la ça sa ro be
pa pa a re çu u ne hu re
je la ve la fa ça de
la ve ta fi gu re hà lé e

la bi è re a é té re çu e
je me hà te de li re
ma mè re é pi ça le pà té
hu me de la li mo na de

pa pa dé pe ça la bê te
ma da me a é té hu é e
le dé pu té se ra dé çu
le na vi re se ra hé lé

**Quatorzième Leçon.**

## a  i  o  u
## ab  il  of  ur

al té ré, af fa mé, or ni è re, ur ne
il lu mi né, ar mé, ac te, at te lé
ar ri vé, al lu mé, ap te, ir ri té
af fo lé, ab do mi na le, ar rê té
oc cu pé, as su ré, ob te nu, al lé

ab so lu, ac ti ve, ar bo ré, at ti ré
il li mi té, ap ti tu de, af fi né
fi li al, ac ca pa ré, ad mi ra ti ve
ap pâ té, af fi lé, ir ri ta bi li té
ac co lé, is su, or me, ar ba lè te

af fi ni té, na ïf, or né, af fo lé
ob vi é, at ti tu de, al lé e, ar du
ar me, or ga ne, as sé né, al lu re
ur ba ni té, or ti e, ap pu i, al to
oc to go ne, as si du, ar tè re

ab bé, il lé ga le, ac ti vi té, if

ap pa ri é, ac tu a li té, ad mi ré

af fi li é, al cô ve, ir ré gu la ri té

ac co la de, ob sé dé, co lo ni al

is su e, or du re, al vé o le, as pi ré

at tè le la ca va le, pa pa ar ri ve

la mu le a u ne al lu re as su ré e

le na ïf a mi il lu mi ne ra

ac ti ve le ca lo ri fè re, il fu me

ta mè re al té ré e a bu de la bi è re

il a u ne at ti tu de al ti è re

u ne ar mé e al li é e ar ri ve ra

u ne or du re a sa li sa fi gu re

pa pa fe ra u ne al lé e ir ré gu li è re

le jo li or me se ra ad mi ré

il a re çu u ne ur ne vi de

u ne pa ru re or ne sa tê te al ti è re

il a at ti ré u ne ar me à lu i

u ne ar tè re ab do mi na le se ra li é e

le zè le du na ïf ab bé se ra at ti é di

**Quinzième Leçon.**

# di   ca   ni   vi   ga
# dic   cal   nif   vil   gal

sac, fil, mol, duc, tur bi ne, jus te
nul le, but te, cal mé, jap pe, par
cas sé, jat te, tic, dif fi cul té
sor tir, mi nis tè re, sub til
ré vol te, for ça, cos tu me, hot te

lac, pu é ril, bol, suc, bal, nap pe
car, bas se, bat tu, dic té e, su if
par tir, fis tu le, roc, é tof fe, cor
pac te, sol fi é, pos te, tuf
bul le, fur tif, hut te, mal, cap

cor de, bus te, cap su le, tar te
fac tu re, mil le, col, car pe, pic
bas cu le, dat te, bif fé, af fir mé
lis se, soc, a dop té, for te, bos su
sac ca dé, pa ra sol, bot ti ne

bac, vil le, col le, sor tir, bos se
a dop tif, mot te, ca duc, tul le
ab sur de, ro bus te, lut te, gar dé
ca rac tè re, bo cal, lap pé, tas se
dis pu te, ré col té, por te, cot te

le gar de tar de ra à ve nir
rap por te la mal le du ca po ral
il par ti ra le mar di du car na val
je por te u ne car te à la pos te
ma mè re me for ça à par tir

le bos su cul ti ve le mas sif
le bo cal a é té cas sé par mé gar de
la car pe se ra por té e à la hal le
ô te la gar ni tu re de ta cu lot te
le mur de la sal le se ra ta pis sé

a dop te la for me de ma ca lot te
le pè re ac tif cul ti ve le sol
nul le bas cu le ne se ra jus te
le bal se ra sur la ri ve du ca nal
la dis pu te a fi ni par u ne lut te

# ri le ta lù
# tri ple sta flù

flù te,  prê tre,  ta ble,  stè re,  cri
ar bre,  sa ble,  pru ne,  gla ça,  sto re
sa bre,  cri blé,  brû lé,  sta tu e,  pli
é ta bli,  tra ça,  sta tu re,  prê té
sco ri e,  gra ve,  li tre,  spi ri te

plu me,  a bri,  sté ri li té,  cré é
spo li é,  mar bre,  flé tri,  li vre
rè gle,  grê le,  stu pé fi é,  as tre
dé pla ça,  tru i te,  sti pu lé,  cri é
sta ble,  li vré,  a pla ti,  su cré

trô ne,  pla ça,  pré fi xe,  sta tu é
gla né,  fré mi,  spa tu le,  flu i de
bra ve,  fa ble,  sté a ri ne,  ti gre
gla ça,  lè vre,  sta bi li té,  pli é
sca ra bé e,  crè me,  tri ple,  no ble

re pla ça,  sti mu lé,  dé trui te
spi re,  bri de,  pro blè me,  no tre
ré glé,  bro dé,  spé cu lé,  pro pre
dru i de,  spi ra le,  a gra fe,  si è cle
cra va te,  blâ mé,  grê le,  stu pi de

sè me  le  plâ tre  sur  le  trè fle
le  li vre  du  prê tre  se ra  prê té
vo tre  frè re  dé pla ça  la  ta ble
lè ve  le  sto re  de  la  fe nè tre
il  fe ra  u ne  pro me na de  a gré a ble

vo tre  frè re  ap por te  u ne  fri tu re
il  pla ça  le  li vre  sur  la  ta ble
il  me  prê ta  sa  plu me  à  é cri re
mar di  le  tri bu nal  a  sta tu é
il  gla ne  du  blé  sur  sa  pro pri é té

le  cri ble  ap pro prie  le  blé
il  a  brû lé  le  li tre  de  pé tro le
la  gri ve  a  u ne  plu me  bru ne
il  pla ça  u ne  sta tu e  de  mar bre
no tre  frè re  a  u ne  fiè vre  gra ve

**Dix-septième Leçon.**

**bli    cla    tri    fra**
**blic   clar   trir   frac**

frac tu re, mis tral, crot té, broc
truc, pu blic, tris te, pros pé ri té
flé tris su re, blot ti, frot té
troc, glis sé, clar té, flé trir
ca das tral, frus tré, é clip se

bras se ri c, ré glis se, cris tal
trap pe, é ta blir, cris pé, froc
bloc, bras sé c, clar té, cras se
scal pé, flat té, fruc ti fi é
glis sa de, gras sc, plis sé

frap pe, clas se, cros se, flot té
clic clac, grat te, flat te ri e
bros se, glot te, pros cri te
scar la ti ne, trot te, dé clas sé
grot te, psal mo di e, at tris té

spas me, pros pè re, é clop pé
gros si, flot te, bros sé, stal le
trap pe, clas sé, cris tal li ne,
fruc ti fè re, glis sa de, pros pé ré
stig ma te, dé crot té, psal mo di é

ad mi re la clar té de la lu ne
je lu i prê te u ne bros se gras se
la gros se mu le a dé jà trot té
sa cu is se a é té frac tu ré e
re gar de la fe nê tre de la clas se

le prê tre psal mo di e la pri è re
ô te le ca ta plas me du ma la de
vo tre frè re se grat te la tê te
il frot te sa bot ti ne crot té e
il a u ne fi gu re de pros pé ri té

é car te le bloc de la fe nê tre
il a cas sé la ca ra fe de cris tal
il a vu u ne é clip se de lu ne
lè ve la trap pe de la ca ve
le ma la de a la fi è vre scar la ti ne

**Dix-huitième Leçon**

# eu   ou   oi
# feu   sou   loi

li eu,  ou i,  foi,  cou leu vre,  foi re
neu ve,  ou bli é,  mé moi re,  jeu ne
bou cle,  poi tri ne,  meu ble,  coû té
peu ple,  soi,  goû té,  voi là,  lou é
pou le,  meu re,  sou fre,  dé jeu né

ou,  pi eu,  boi re,  bou le,  feu,  joi e
neu tre,  ou vrir,  moi ti é,  jeû né
cou de,  poi vre,  meu blé,  cou rir
seu le,  soi e,  hou e,  voi le,  mou lu
rou e,  ne veu,  pou pé e,  a voi ne,  soi e

oi e,  li eu e,  ou a te,  feu tre,  bou e
moi ne,  a di eu,  ou vri è re,  poi lu
a veu,  cou lé,  roi,  meu le,  cou vrir
veu ve,  toi le,  jou e,  voi tu re,  pou
rou lé,  de meu re,  rou te,  é toi le

mi li eu, ou ï, boî te, cou, jeu di
moi, ou bli, loi, poi re, jeu, cou pé
toi, peu, fou, toi tu re, jou jou
meu te, noi re, nou é, vic toi re
sou pe, ma jeu re, pou dre, i voi re

la meu ni è re a u ne meu le neu ve
où va pa pa? il va à la foi re
u ne jeu ne pou le noi re a cou vé
ap por te - moi la sou cou pe neu ve
la voi tu re rou le sur la rou te

le jeu de bou le a ré jou i bé bé
pa pa va jeu di à la foi re
le roi a dé jeu né; il a vou lu boi re
vo tre ne veu a vu u ne é toi le
il a é cou té le cri du hi bou

tou te la toi le neu ve se ra la vé e
il a ou bli é le poi vre sur la ta ble
la pe ti te a cou ru tou te seu le
ap por te - moi la sou pe ti è de
le feu a brû lé la toi tu re neu ve

**Dix-neuvième Leçon.**

oi   ou    eu  eu
poil  cour  creu  leur  fleur

lou eur,  our lé,  por teur,  jour
coif fé,  preu ve,  trou vé,  croi re
fleur,  ou vroir,  heur té,  bour se
mou voir,  bleu,  trou,  ac croî tre
doc teur,  gout te,  soir,  va leur

lu eur,  our dir,  bros seur,  bouc
de voir,  pleu ré,  croû te,  cloî tre
pleur,  frois sé,  ma jeur,  cour se
noir,  fleu ri,  trou pe,  dé croî tre
peur,  houp pe,  voir,  leur,  mousse

tu eur,  our la,  frot teur,  cour
trot toir,  pleu ra,  glou glou
proi e,  hâ bleur,  meur tre,  cour bé
poil,  pleu voir,  trou é,  cloî tré
rô deur,  jour nal,  vou loir,  veuf

re li eur, our di, beur re, four
dor toir, fleu ve, grou pe, gloi re
glous sé, cou leur, four mi, soif
a breu voir, trou blé, croi ra
seul, la bour, mi roir, vo leur

le fac teur ap por te le jour nal
le coif feur boi ra; il a soif
vo tre ne veu a peur le soir
le vo leur a é té pour su i vi
le ra mo neur trou ve le four noir

le doc teur par ti ra jeu di soir
u ne jo li e fleur bleu e a pous sé
leur bouc a peu de poil noir
trou ve u ne ou vri è re a droi te
il va pleu voir tou te la jour né e

le ma la de é prou ve u ne dou leur
le la bou reur sè me du blé noir
va voir le tour du tour neur
la croû te du pâ té se ra froi de
il a re trou vé vo tre bour se

**Vingtième Leçon**

# in    on
# vin    bon

in vi té,  on de,  pin ça,  bâ ton
fo in,  hon te,  mou lin,  con tor si on
mo in dre,  ca non,  sa pin,  fa ni on
ca le çon,  ad jo in te,  ga lon,  ma tin
pi on,  lin,  mou ton,  ba din,  car ton

bou din,  bon bon,  ma rin,  bou ton
lo in,  bon té,  pé pin,  crou pi on
po in tu,  ga zon,  ca le pin,  tor si on
fa çon,  jo in te,  mon de,  vin,  le çon
u ni on,  pin,  ma çon,  bé nin,  gar çon

tin ta,  on du lé,  mâ tin,  bou ton
so in,  con te,  se rin,  con vul si on
po in te,  hé ron,  pi co tin,  mil li on
li ma çon,  dis jo in te,  pin son
ré u ni on,  sa tin,  sa lon,  jar din

in ju re, din don, ma lin, sa von
co in, mon tre, la pin, scor pi on
té moin, gou jon, re din go te, li on
po in çon, pou mon, din de, me lon
flu xi on, pa tin, ta lon, fé mi nin

mon gar çon a ti ré le nu mé ro on ze
le ga zon du jar din se ra ton du
le ma rin a bu u ne pin te de vin
cou pe le bou ton de ton ca le çon
le me lon de mon jar din se ra bon

le ga min en fon ça u ne po in te
on par le de la fin du mon de
ma bot ti ne a le ta lon po in tu
on boi ra ton ca ra fon de vin
le ma tin la pou le noi re a pon du

on sè me du lin pour a voir du fil
le pin son vo le sur le sa pin
mon tre-moi la meu le du mou lin
on ré col te le fo in sur le pré
mon gar çon se ré ga le de bou din

**Vingt-unième Leçon.**

## an  un
## van  lun

an xi é té, ru ban, su cre can di
dan se, lun di, han té, ba lan ça
vi van te, fu man te, ba lan çoi re
op por tun, vi an de, un pan ta lon
é pou van te, lan de, un vé té ran

an se, gan ta, lan ça, un pan tin
un ca ban, san té, a lun, ga ran ti
vo lan te, ré pan du, a bon dan te
un fan fa ron, gour man de, an gle
de man de, un van, as pi ran te

ri an te, gan se, van té, tan te
a man de, tri bun, a van ça, jan te
fan fa re, sa van te, é pou van té
i nop por tun, a ban don, lan gous te
un can ton, ran cu ne, o do ran te

ma man, fi an ça, dan sé, de man da
cou lan te, dé fun te, ou ra gan
un fan tô me, ran cu ne, mou ran te
é tan çon, un dan seur, la ban de
san glo ta, un can can, dor man te

je de man de un pan ta lon noir
ma man pleu re ma tan te dé fun te
la fan fa re a jou é lun di soir
le ma çon ré pa ra un pan de mur
un ga min ba lan ça son pan tin

de man de de la vi an de à ma man
on dan sa lun di tou te la jour né e
la can ti ni è re a vou lu un ru ban
ma tan te de man da un peu de feu
un ca ban de toi le le ga ran ti ra

un fan tô me a é pou van té ma man
ma tan te ô ta la ban de du jour nal
l'ou ra gan a a né an ti la ré col te
le vé té ran a tu é un mi lan
il a van ça u ne ta ble rou lan te

**Vingt-deuxième Leçon.**

## in   an   on   un
## brin  cran  donc  brun

ins ti tu é,  cons pi ré,  blon de
plan te,  grin ça,  ins tinc ti ve
trans por té,  ins tan ta né,  brun
ins pi ré,  cons tan te,  bron ze
gran deur,  lu tin,  ins ti tu teur

donc,  dis tinc te,  pol tron,  crin
san glan te,  trans plan té,  brin
ins cri re,  ponc tu é,  fron ton
scan da le,  trans for mé,  glan de
mons tre,  fron ça,  gran dir,  plan

in cons tan te,  en clin,  bran dir
fron de,  ac ca blan te,  a gran di
trans fé ré,  é cran,  ins tru i te
of fran de,  sif flan te,  gron dé
dé clin,  trans cri re,  gran de

ins truc tif, cons tru i re, cran
prin ta ni è re, trans pi ré, é crin
é tran glé, cons ta té, é bran lé
trin gle, souf fran te, pa tron
plan te, ca dran, ins tru i re

le zinc cou vre la toi tu re
la lou ve é tran gla le mou ton
on trans por ta le dé por té
le ma çon cons tru i ra la fa ça de
la ca va le a du crin brun

le fan fa ron a ri du pol tron
la le çon se ra ins truc ti ve
on boi ra de la bi è re blon de
la voi tu re trans por te du fo in
on trans plan te ra la sa la de

je plan te un brin de sau le
é cou te la le çon ins truc ti ve
ma mè re souf fran te trans pi re
mon pa tron a vu un mons tre
où donc va la gran de é co li è re ?

**Vingt-troisième Leçon.**

# ch gn

cha    choi    gna    gnon
char    choir    gnal

che veu, ga gné, chê ne, li gne
châ le, vi gne, ha che, ga gna, ca ché
ma li gne, fâ ché, ro gné, lâ cha
lor gnon, tor chon, si gnal, ri che
pi gnon, chou, mi gnon, cha grin

di gne, che val, vi gne ron, fâ cha
ro gnon, mou choir, si gna, ca cha
a li gné, four che, in di gni té
bou chon, con si gné, chan vre
in di gné, chan son, mon ta gne

cor ni chon, di gni té, cho pi ne
ré gna, char bon, a li gna, cru che
re ga gna, chan teur, soi gné
ré gnan te, dé chi ré, chi gnon
cha cun, i vro gne, mar chan de

ga gnan te, ha ché, in di gne, là ché
ma li gni té, dé chi ré, mé chan te
ja chè re, té moi gné, ro gna, lé ché
i gno ra, cha leur, é loi gné, fi chu
ré pu gnan te, bou che, mi gnon

le tro gnon du chou se ra bon
on ga gne ra cha cun un sou
le chan tre a chan té u ne chan son
on soi gne ra le che val ma la de
le pê cheur a u ne li gne de crin

il ar ra cha un brin de chan vre
le vi gne ron cul ti ve la vi gne
la cha leur a é té for te di man che
il i gno re où le vo leur se ca cha
on ro gne ra le man che de la ha che

la chat te mé chan te a gro gné
il é par gna le la pin mi gnon
il ar ra cha un che veu de son frè re
on soi gna sa fi è vre ma li gne
je gri gno te u ne tran che de me lon

## Vingt-quatrième Leçon.

c    c    c

# k   q   qu

### ka  qui  queu  kan

to que, ké pi, pi qua, co ke, é qui pe
ki lo, quo ti té, coq, pi que, queu e
quoi, ka li, quin te, pi quan te
bi co que, ki lo mè tre, man qua
co qui ne, a li quo te, kan, quê te

li queur, pour quoi, ki os que
quin ze, kan gou rou, man quan te
ba ra que, qua ran te ki lo li tre
é qui no xe, ka o lin, quê ta, ta quin
quan ti è me, co li que, ka ra bé

qua tre, tran quil le, ka bi le
at ta qué, ki lo mé tri que, co quin
ka lé i dos co pe, mo queur, bra que
qua tor ze, mo ka, ac quit té, quo te
con quê te, cho qué, ké ra ti te

quoi que,  ma ki,  quin zi è me
ka ri,  bour ri que,  é qui va loir
qui pro quo,  ké lo ï de,  pi que ra
fa bri qué,  é qui vo que,  ka ra ta
qua tor zi è me,  ké to ne,  cho qua

qui brû le du co ke à la che mi né e?
il a che ta un ki lo de ca fé mo ka
u ne mou che a pi qué le ma ki
cha que é lè ve a che ta un ké pi
le kan gou rou a u ne for te queue

il a vu la bor ne ki lo mé tri que
la trou pe ka bi le a été at ta qué e
on cul bu ta le ki os que du jar din
son ké pi mas que sa fi gu re
on por ta le ka o lin à la fa bri que

on mar qua un nu mé ro à son ké pi
la queu e du coq for me pa na che
le ma ki de meu ra tran quil le
on dé pla ça la qua tri è me ta ble
il a ré col té un ki lo li tre de blé

**Vingt-cinquième Leçon.**

d    j    l    m    n    qu    s    t

**d'    j'    l'    m'    n'    qu'    s'    t'**

m'a    j'ar    s'il    qu'il

j'a chè te,  l'ar bre,  il  s'a ni me
l'a ï eu le,  j'ap pro che,  je m'oc cu pe
on  t'at tra pe ra,  l'a ni mal,  j'of fre
l'a veu gle,  il  s'a van ça,  j'é tu di e
il  s'in vi ta,  on  t'é cou te,  l'a mi

j'a chè ve,  l'a gri cul tu re,  l'â ne
l'al lé e,  il  s'ar rê te,  on  m'in vi ta
il  t'é cri ra,  on  s'é ga ra,  j'é touf fe
l'o gnon,  il  m'é pou van ta,  j'o pè re
il  t'é pou van ta,  je  m'in cli ne

l'on gle,  il  s'é cor cha,  j'é plu che
je m'in di gne,  d'u ne,  qu'un,  l'o deur
d'un,  il  n'im por te,  l'é char pe
qu'im por te,  l'on  s'ap pro cha
l'é co le,  l'é lè ve,  j'ar ri ve,  l'oi e

l'a man de, je m'é cor che, j'or ne
il s'é cri a, l'é co li è re, j'i gno re
l'é cri tu re, on s'é loi gna, l'on cle
j'ô te, l'or du re, il s'ins tru i ra
l'é cu ri e, il s'ir ri te, je m'ob sti ne

il m'as su re qu'il m'é cou te
j'ar ri ve pour t'ou vrir l'ar moi re
le chas seur s'ar me d'u ne ca ra bi ne
il s'ap pro cha d'un li è vre qu'il tu a
l'é lè ve s'ap pli que à l'é tu de

l'é co li è re s'ar ra cha un che veu
l'é lè ve n'é cou ta qu'u ne le çon
j'ô te l'é pin gle de ma cra va te
j'i gno re s'il s'é cou la du vin
il n'ô ta qu'u ne bran che de l'ar bre

mon ne veu s'ar ra cha l'on gle
il n'a bu qu'un peu d'é cu me
j'a chè ve d'é cri re ma li gne
l'on s'ap pro cha pour te voir
l'a veu gle s'a van ça seul

**Vingt-sixiéme Leçon.**

d     t     r     j     l     m     s     n

**dh   th   rh   j'h   l'h   m'h   s'h   nh**

**t'h                                    n'h**

thé   thon   j'ho   rhu

l'heu re, thé, rhu me, l'hos pi ta li té
a hu ri, l'ha me çon, ca tho li que,
j'ha bi te, é hon té, thè me, tra hir
il s'ha bi tu e, l'ho ri zon, i nhu mé
an ti pa thi e, il m'ho no re ra, l'hô te

l'his toi re, an thè re, rhu bar be
co hor te, l'har mo ni e, go thi que
j'hé ri te, é han ché, mé tho di que
il s'hé bè te, l'hos ti e, i nha bi le
plin the, il m'hu mi li e ra, thé à tre

l'hô pi tal, a thlè te, ca tar rhe
é ba hi, l'hé breu, ca thé dra le
j'ho no re, mal heur, rhu ma tis me
il s'hu mi li a, l'hu î tre, pan thè re
i nha bi té, il m'hor ri pi le, a dhè re.

l'hu i le, a pa thi e, di ar rhé e
co hu e, l'hé li o tro pe, thé o rè me
j'hu mi li e, ab hor ré, rhé to ri que
il s'ho no ra, i nha bi ta ble, thon
l'hu mi di té, il m'ha bi tu a, tho rax

on pê che ra l'hu î tre, le thon
la co hor te a pa ru à l'ho ri zon
l'hor ti cul teur a de la rhu bar be
le khé di ve a tra hi le sul tan
l'hu i le a cou lé sur la plin the

il a vu l'heu re à la ca thé dra le
ma man a bu le thé de la thé i è re
l'ho no ra ble ab bé par le l'hé breu
il a vu l'hor ri ble pan thè re
je m'ha bi tu e mal à l'hu mi di té

l'an thè re a dhè re à la fleur
le ma la de de l'hô pi tal a le rhu me
il a vu u ne ca thé dra le go thi que
l'a thlè te a l'hu meur cha gri ne
le vé hi cu le a ar rê té la co hu e

**Vingt-septième Leçon.**

f    i

# ph  y

pha  phy  phon  syl

pha re,  y o le,  phos pho re,  ty ran
ly re,  phé no mè ne,  my o pe,  aph te
a pos tro phe,  hy ri é,  as phy xi e
a no ny me,  as phal te,  l'hy dro pho bi e
or phé on,  til bu ry,  phyl lo xé ra

pho que,  ty pho ï de,  or phe lin
l'hy dre,  di a pha ne,  l'hy po cri te
l'hy po thè que,  or tho gra phe,  ju ry
né o phy te,  o xy de,  phil tre,  ty pe
sy co mo re,  pho no gra phe,  kys te

phos pha te,  mar tyr,  por phy re
po ly go ne,  é pi ta phe,  sy no ny me
ty po gra phe,  syl la be,  pro phè te
é ly tre,  pa ra phe,  sy no de,  si phon
sys tè me,  zo o phy te,  é phé mè re

pho to gra phe,  po ly è dre,  sphè re
dy na mi te,  mor phi ne,  py ra mi de
né phré ti que,  sty le,  mé phi ti que
co ty lé don,  pha é ton,  my ri a de
l'hi é ro gly phe,  chy le,  pa ra gra phe

la y o le ap pro che ra du pha re
le ma la de a la fi è vre ty pho ï de
la hy è ne a dé vo ré le pho que
le co ty lé don du blé s'a tro phi e
le ty po gra phe a lu u ne syl la be

l'or phe lin a vo mi du chy me
il a un pa ra phe hi é ro gly phi que
le co ry phé e a jou é de la ly re
le my o pe a mal vu l'é pi ta phe
l'or phé on a chan té le ky ri é

le phos pho re s'o xy de vi te
le char bon a as phy xi é le ty ran
le phyl lo xé ra a a né an ti la vi gne
le pho to gra phe m'a pho to graph i é
le til bu ry rou le à cô té du pha é ton

**Vingt-huitième Leçon**

é    o    eu

**ei   au   œu**

**ai   eau**

j'ai   l'eau   vœu   sci

œu vre, ai le, au cun, ca pi tai ne
autour, mar teau, cais son, rei ne
li brai re, tau pe, cor beau, pei ne
vei ne, gau fre, châ teau, clai ron
gai, sei ze, é pau le, co peau, tei gne

vœu, ba lai, au jour d'hu i, l'eau
cu veau, pau pi è re, lai ne, ba lei ne
l'ha lei ne, chaî ne, chaus son
j'au rai, sei gneur, mai re, fau che
no tai re, sau veur, rou leau, vrai

sœur, ca deau, fai ble, un pei gne
ca ni veau, ma de lei ne, mar rai ne
il au ra, dra peau, sei gle, maî tre
cor deau, trei ze, grai ne, sau le
sei zi è me, mi tai ne, tu y au, seau

cœur,  car reau,  plai ne,  gau che
j'ai,  nou veau,  ra fraî chir,  pré au
cha peau,  re fai re,  chau dron
trei zi è me,  mai grir,  hau te,  veau
clair,  chau mi è re,  tau reau,  peau

j'ai  bu  l'eau  clai re  du  ru is seau
le  ma nœu vre  a  por té  un  far deau
ma  sœur  a  re çu  un  beau  ca deau
j'ha bi te  u ne  pau vre  chau mi è re
le  tau reau  a  cas sé  sa  chaî ne

j'ai  ar ra ché  le  poil  du  blai reau
il  a  cou ru  au tour  du  châ teau
tou te  pei ne  mé ri te  sa lai re
on  pei gne  la  lai ne  de  l'a gneau
j'ai  vu  le  vi cai re  au  sé mi nai re

la  rei ne  a  vou lu  fai re  un  vœu
je  fe rai  tai re  ma  pe ti te  sœur
le  mai re  fe ra  l'au mô ne  au  pau vre
j'au rai  un  nou veau  mar teau
le  gai  mi li tai re  a  ri  de  bon  cœur

**Vingt-neuvième Leçon.**

in      in

**im**      **ain**

**yn**      **aim**

**ym**      **ein**

faim   thym   train

im po li, ain si, grim pa, pein dre
syn co pe, pein tre, vain queur
thym, lim be, crain te, dé tein dra
main, syn di cal, é trein te, daim
sein, nym phe, im pri mé, vi lain

tim ba le, gain, im por tan te, vain
lynx, fein te, sain fo in, im pré vu
co rym be, im pri me ri e, châ te lain
pain, syn ta xe, re pein dre, faim
tein te, sym pa thi e, lim pi de

im pos si ble, plain te, grim pan te
syn dic, tein tu re, crain dre
lym phe, tim bre, par rain, fein dre
pou lain, syn di qué, pein tu re
é tein dre, tym pan, bain, ai rain

sim ple, le vain, im bi bé, grain
la rynx, tein dre, châ tain, im pur
sym bo le, im por tun, é tain, nim be
vi lain, syn thé ti que, se rein
plein, sym pa thi que, crain tif

le la pin a faim ; il brou te le thym
mon par rain a grim pé sur l'ar bre
l'ha bi le chas seur a tu é un lynx
on pein dra la voi tu re de main
le drain se ra plein d'eau lim pi de

le pein tre par ti ra par le train
j'ai fau ché l'an dain de sain fo in
l'im pri meur m'a prê té un tim bre
mon par rain a su di re le sym bo le
é cou te le maî tre sym pa thi que

on tein dra mon vi lain pan ta lon
il m'a par lé sur un ton im pé ra tif
l'é clair lo in tain a pa ru sou dain
le ma la de au ra u ne syn co pe
le li è vre crain tif a peur du daim

**Trentième Leçon.**

on     an     un

# om am um

## en

## em

pom    cham    fum    mem

om bre, am ple, su cre, em bras sa
par fum, pré nom, lam pis te, en jeu
co lom be, jam bon, a len tour, en tre
cram pe, en sei gne, em por te ra
den tis te, tem pe, pom pa, ram pa

nom, bam bin, men teur, em pli ra
l'hum ble, com pa gne, cram pon
con com bre, lam pe, at ten tif
cham pi gnon, en flé, rem plir
pa ren te, tem pê te, ré com pen sé

nombre, cam phre, men di an te
em pan, ré com pen se, flam beau
pom pe, tam bour, ap pren dre, fen te
jam be, en chaî né, trem bla, pen te
dé fen du, em pê ché, tom be reau

com pa gnon, cham bre, clen che
mem bre, tom beau, ham pe, pen dule
som bre, tam pon, ab sen te, en tra
lam bin, en co re, trem pa, ven tre
con ten te, em plir, tom bé, men ton

le tam bour em pê che d'en ten dre
le gar çon com pren dra sa le çon
je re dou te u ne vi o len te tem pê te
j'ai la cram pe à la jam be gau che
il fau dra qu'il ven de sa co lom be

j'ai en ten du di re son nom
il se ra ré com pen sé ven dre di
ma pa ren te em por ta la lam pe
l'em pe reur s'em bar qua lun di
j'ai en jam bé le fos sé plein d'eau

j'ai sen ti le par fum de la men the
voi là l'hum ble com pa gne du com te
le men teur trem ble d'ê tre pu ni
j'ai dor mi à l'om bre d'un trem ble
le flam beau é clai re la cham bre

## Trente-unième Leçon.

s     s     j     j

**ce   ci   ge   gi**

**cé   cy   gé   gy**

cir   gen   cein   gyp

ce ci, gi ron, cein tu re, dou ceur

dé la cé, en cen sé, na geur, ci ga re

ci ga le, di li gen ce, cy lin dre

ju ge, lar cin, rin cé, ra ci ne, ge nou

gé né ral, gin gem bre, sau ce, o ra ge

gla ce, gi vre, en cein te, far ceur

cé ré a le, con cen tré, lar geur

ci go gne, gen dar me, cy gne, o ran ge

rou ge - gor ge, cinq, cym ba le, ge lé

gé nis se, en gin, gy pa è te, rou gir

dou ce, gî te, cein tu ron, noir ceur

gly cé ri ne, ré cen te, lo geur, ci me

ci ca tri ce, gen dre, gyp se, voi ci

sin ge, cin quan te, tra cé, fra gi le

char gé, cy cle, si len ce, or ge

min ce, o ri gi ne, su ceur, fa ci le
en se men cé, in cen di é, rou geur
ci dre, lé gen de, gy ra toi re, pa ge
en ge lu re, mé de cin, lan cé, char gé
chan gé, cy clo ne, sour ce, sou la gé

é cou te le ra ma ge du rou ge-gor ge
il a pla cé ce ci sur son ge nou
chan ge ton cein tu ron s'il te gène
le mé de cin a sou la gé son gen dre
le vo leur a rou gi de son lar cin

l'i ma ge a coû té un cen ti me
le ven dan geur boi ra du ci dre
un far ceur m'a noir ci la fi gu re
le cy gne a na gé sur l'eau gla ci a le
le gen dar me cir cu le sur la pla ce

la bou lan gè re a rin cé son lin ge
voi ci ce qu'il ré ci te ra de main
ar ra che la ra ci ne de la ja cin the
ce ca pu cin por te un si li ce
on je ta de la cen dre sur la nei ge

**Trente-deuxième Leçon.**

j        g        g        g
gea   gua   gui   gué
geo   guo   gue
gean   geoi   guai   guin

il lo gea,  geô le,  gué,  con ju gua
ven gean ce,  gue non,  je  mé na geai
bou geoir,  gueu le,  o bli gean te
rou geau de,  gui,  di gue,  vi gueur
pi geon,  guin dé,  re lé gué,  gui dé

en gean ce,  do gue,  dé cou ra gean te
il man gea,  guê pe,  par ta gea  vo gua
geô li è re,  ri gueur,  lan guir,  geai
plon geon,  gui mau ve,  fa ti gue
je  me  fa ti guai,  san guin,  guê tre

o bli gean ce,  ba gue,  fa ti gué
man geoi re,  gué rir,  sou la gea
il  na gea,  lan gueur,  j'in tri guai
bour geon,  gui ta re,  pro di gue
lé gua,  bé guin,  en cou ra gean te

chan gean te,  dro gue,  in tri gué
na geoi re,  na guè re,  plon gea
sau va geon,  lon gueur,  dra geon
je  son geai,  guir lan de,  lon gue
dis tin gua,  guim bar de,  dro gua

je  dis tin guai  la  gueu le  du  do gue
le  gui de  a  pas sé  le  gué  en  voi tu re
l'eau  de  gui mau ve  le  sou la gea
ce  pé da go gue  a  l'air  guin dé
la  geô li è re  rou geau de  me  par la

ta  ca ma ra de  o bli gean te  m'a  gué ri
l'eau  ron gea  la  di gue  du  ca nal
le  pi geon  fa ti gué  vo le  mal
il  é la gua  le  dra geon  i nu ti le
le  dé ma go gue  ha ran gua  la  fou le

la  lon gueur  du  che min  le  fa ti gua
la  pi ro gue  vo gua  sur  la  va gue
il  dé lo gea  la  man geoi re  du  veau
le  geai  man gea  un  grain  rou geâ tre
le  bou geoir  se ra  sur  le  gué ri don

## Trente-troisième Leçon.

o    i    j

# O   I   J

O te ton cha peau. Je l'ai ô té.
Il me gê ne. Ou vre - moi la por te.
Jus ti ne te l'ou vri ra. Il te gui de ra.
In di que - moi le che min. Ou i, l'a mi.
Où a - t - il é té? Il a é té dor mir.

Oc ta ve é tu di e. Il jou e en su i te.
I mi te - le. Je le ré com pen se rai.
J'ai me ce lu i qui é tu di e. Il nei ge.
Our le ton mou choir. Ou i, ma man.
J'au rai fi ni lun di. Il fe ra beau.

Jé rô me a cou ru. On l'a pour su i vi.
Of fre lu i à boi re. Il a soif.
I rè ne, ap pro che - toi du feu. Il gè le.
Jus ti ne a mal lu. On la pu ni ra.
I ci, on pleu ra. Je l'ai en ten du.

J'al lu me le feu. On se chauf fe ra.
Ir ri gue la prai ri e. Il y a de l'eau.
Il y au ra de bon vin. J'au rai du pain.
J'ai lu u ne pa ge. O lym pe aus si.
In vi te - moi. Oc cu pe - toi à li re.


Il fau dra que Ju li a dor me de main.
Jus ti ne de man de le li vre d'Oc ta ve.
J'ai vu Jé rô me pren dre du pois son.
On for ça O lym pe à re par tir.
I mi te ton mo dè le, mon bon Jus tin.


On n'ai me guè re qu'I gna ce ba var de.
Il y a du pain i ci pour I ré né e.
Of fre ta main à la sœur d'O vi de.
I ma gi ne - toi qu'O di le a pleu ré.
Ou vre la por te de la cour à Ja cob.


On trou ve qu'I rè ne ne t'é cou te guè re.
Ju li e ai de sa ca ma ra de O di le.
Ins tal le - toi à la pla ce d'Ir ma.
Ou bli e la pei ne qu'I rè ne t'a fai te.
J'o bli geai Jus ti ne à boi re du vin.

## Trente-quatrième Leçon.

p   r   b

# P   R   B

Pei gne - toi  la  tê te.  Paul  t'ai de ra.
Ré ci te  ta  le çon.  Re mi  l'a  ré ci té e.
Bor de  ta  ro be.  Bro de  ton  mou choir.
Bri de  le  che val.  Re né  le  con du i ra.
Re trous se  ton  ju pon.  Plu me  le  coq.

Ra oul  a  chan té.  Pa pa  l'a  ai dé.
Par  où  a - t - il  pas sé?  Par  la  por te.
Pom pe  un  seau  d'eau.  Bai gne  ta  tê te.
Re cou vre  ton  li vre.  Ran ge - le.
Re gar de  au  ta bleau.  Re tour ne - toi.

Bros se  ton  pan ta lon.  Re - pli e - le.
Bou che  la  cru che.  Rin ce  ta  bou che.
Prê te - moi  un  sou.  Bri ce  te  le  ren dra.
Bou cle  ton  sac.  Porte - le  à  l'é co le.
Pré pa re  le  feu.  Brû le  du  char bon.

Ra bo te la plan che. Ro gne - la.
Pré pa re - toi à par tir. Pol s'en va.
Bê che le jar din. Bi ne la vi gne.
Bais se - toi. Pas se à ta pla ce.
Bar re le pas sa ge. Pour quoi?

Pour quoi Bar na bé 'a - t - il pleu ré?
Par qui a - t - il é té frap pé? Par Re né.
Bon jour, mon frè re. Bon jour, Ra oul.
Rap por te le li vre de Ba thil de.
Ré cla me ta cein tu re à Ro dol phe.

Por te ce gà teau à ta sœur Bar be.
Ra con te l'his toi re de Peau d'A ne.
Bon soir, ma tan te. Bon soir, Pau lin.
Re por te le cha peau du jeu ne Re né.
Re chaus se - toi, Bri ce va ve nir.

Pour quoi Phi lip pe a - t - il chan té?
Par ce que son frè re Pol l'en pri a.
Re cu le - toi pour que Bru no pas se.
Par où Re né a - t - il pas sé pour ve nir?
Par le che min que Bru no a su i vi.

**Trente-cinquième Leçon.**

a  m  n

**A  M  N**

Ai de ton frè re. A - t - il fi ni ? Non.
Man ge vi te. Moi, je n'ai guè re faim.
N'a chè te qu'un dé. Ma man le pai e ra.
A gra fe ta ro be. Ne cou pe qu'un fil.
Al lu me le feu. Mé na ge le char bon.

Nei ge - t - il ? Non, la plu i e tom be.
Man que - t - il du vin ? Ma da me l'a bu.
At ta che le che val. Me mor dra - t - il ?
Mâ che ta vi an de. N'en man ge guè re.
Ar ri ve vi te. Ma man va par tir.

Nou e ton cor don. Ne dî ne qu'à mi di.
A chè ve ta pa ge. Mon tre - la en su i te.
Mon pain se ra bon. No tre vin aus si.
N'em por te qu'un li vre. A di eu, Nu ma.
A qui o bé ir ? Au maî tre qui t'ai me.

A - t - on su li re ? Non, ni l'un ni l'au tre.
Mon tre - moi ta pa ge. Ma man, la voi ci.
Ac cro che ton man teau. Mou che - toi.
Mon te à che val. Ac com pa gne - moi.
A chè te du su cre. Ne pai e qu'un sou.

Ma man a vou lu voir Au gus te.
Ne né gli ge au cun de voir, Mau ri ce.
A dè le a o bé i à sa tan te An gè le.
No tre sœur Ni co le a pleu ré.
Mon tre - moi le li vre d'A dol phe.

Mé dor a mor du la pe ti te Na tha li e.
N'é clai re que la cham bre d'An dré.
Mon frè re An dré par ti ra de main.
Ap pro che un peu, No é, que je te voi e.
Marc a goû té la bi è re de Nar cis se.

Mê le - toi de ce qui te re gar de, Nu ma.
An gè le gui de la main d'A li ce.
Moi, j'ai vu Ar thur par tir ce ma tin.
Me gron de ra - t - on ? Non, mon ché ri.
Ma man heur te à la por te de No é mi.

**Trente-sixième Leçon**

f     h     k

# F   H   K

Te fe rai - je ri re? Hâ te - toi d'o bé ir.
Ki lo li tre. Fi ni ra - t - il sa pa ge?
Haus se l'é pau le. Flai re ma fleur.
Ké pi. Fen drai - je l'ar bre a bat tu?
Hu me la sau ce du rô ti. Frap pe - moi.

Ki lo mè tre. Frap pe sur l'en clu me.
Fau che le pré. Ho che la bran che.
Ho là! où va - t - on? Fai re la fê te.
Krou mir. Fu me rai - je un ci ga re?
Hé! que chan te - il? Fi, le vi lain.

Ha che la vi an de. Fe ra - t - il beau?
Ky ri é. Har di! cou ra ge, j'ar ri ve.
Fa ne le foin. Har na che le che val.
Kan gou rou. Flam be le pi geon.
Hu e donc, a van ce. Fa ti gue - toi.

Hon te à qui a men ti. Flû te rai - je ?
Ki os que. Ha ran gue ra - t - il la fou le ?
Hal te ! On s'ar rê te. Fi xe ! Si len ce.
Fi le le chan vre. Heur te à la por te.
Kys te. Hein, que ra con te - t - il?

Frap pe sur l'é pau le de Fré dé ric.
Hen ri a lu : Ki os que à ven dre.
Fe ra - t - on cu i re le la pin d'Ho no ré?
Fon dra - t - on la ci re d'Hy a cin the ?
Hé ! que de man de ton frè re Fir min ?

Fi donc ! le vi lain Hen ri a pleu ré.
Ho là ! Heur te à la porte d'Hi lai re.
Ky ri é se ra chan té par Fé lix.
Hal te là ! Hen ri a vou lu te voir.
Fan fan a vou lu dire : ki lo li tre.

Flo ren ce a ré pon du : ki lo mè tre.
Har na che le che val d'Hor ten se.
Félix a vu la ca ra bi ne du Ka by le.
Fi gu re - toi que Fran ci ne va ve nir.
Hé ! qui di ra : Ké pi d'Hyp po ly te ?

### Trente-septième Leçon.

s l d

# S L D

Sau ra - t - il li re? De main il sau ra.
Lè ve - toi. Le maî tre va ve nir.
Dé cou vre - toi. Sa lu e no tre on cle.
Lon ge le jar din. Saute le fos sé.
De qui par le - t - il? Du pau vre ma çon.

Le pi geon man ge du grain. Lâ che - le.
Son ge - t - il à par tir? Dé pê che - toi.
Dé ta che le veau. Lais se - le cou rir.
Souf fle la bou gi e. Dé pla ce - là.
La nei ge tom be. Se cou e ton châ le.

Dé cou pe la vi an de. Sa le le rô ti.
L'or phe lin pleu re. Sou la ge - le.
Sau ce ton pain. La ve ta fi gu re.
Di ri ge ton che val. Soi gne - le.
S'en va - t - il? Lais se - le cou rir.

Dé vi de la pe lo te. Dé mê le le fil.
Le moi neau vo le. L'a gneau bê le.
Dé bou che le fla con. Su cre le thé.
Sau ve - toi. La ce ton bro de quin.
Dis tri bu e le pain. Sou ti re le vin.

Sou hai te le bon jour à Do ro thé e.
So phi e pleu re. Sa tan te l'a bat tu e.
Dis pen se - toi de ré pon dre à Li a.
Sou lè ve le sac que Lu bin a por té.
Lo ge ton che val à l'é cu ri e de Luc.

Di ra - t on à Da vid de ve nir de main ?
De qui Do mi ni que a - t - il par lé ?
L'ha bi le mé de cin a gué ri Si mon.
Lors que je par le, Da vid é cou te.
S'il nei ge, Luc pren dra un man teau.

Da vid a vu l'on cle de Do ro thé e.
Souf fle le feu, Lé on se chauf fe ra.
La za re a man gé le pain de Syl vain.
S'il tom be de l'eau, Si mon ren tre ra.
Dé bar ras se - toi du man teau de Lé a.

### Trente-huitième Leçon.

c g e
## C G E

É cou te - moi.  Gar de - toi  de  men tir.
Ce ci  me  gè ne.  En lè ve - le  vi te.
Eu gè ne  a  jou é.  Ga gne - t - il  au  jeu?
Chan ge  de  pla ce.  Cor ri ge  la  fau te.
É lan ce - toi.  Glis se  sur  la  gla ce.

É loi  s'en  va.  Em pê che – le  de  par tir.
Ga re!  que  je  pas se.  Gêne - toi  un  peu.
Ci re  ta  bot ti ne.  Chaus se – toi.
En lè ve  l'hu i le.  Goû te  le  gâ teau.
Cou che – toi.  É tein dra - t - il  la  lam pe?

Cha cun  a  faim.  Cou pe  vi te  du  pain.
Gui de  l'a veu gle.  Em bras se – le.
É tu di e  ta  le çon.  É cri ra - t -il?
Geor ge  a  mal  à  la  tête.  Gué ri ra - t - il?
Ce  che val  a  cou ru.  Ga lo pe – t – il?

Chauffe - toi. Conte - moi l'histoire.
Glane le blé. Égrène ensuite l'épi.
Circule sur la place. Gèle - t - il?
Épluche la salade. Couvre le feu.
Emporte le lapin. Grossira - t - il?

Charge ce sac sur l'épaule d'Éloi.
Écoute la chanson de Grégoire.
Cela ne plaira guère à Clotaire.
George a vu Gustave partir.
Émile emporte le livre d'Eugène.

Chacun a entendu Gédéon lire.
Garde - toi de faire mal à Céline.
Ce sera Eustache qui chantera.
Emprunte un sou à Geneviève.
Chaque jour Gustave va à l'école.

Endosse le manteau de Geoffroy.
Claude a mangé le sucre d'Émile.
Empêche Catherine de courir.
Gronde Gustave, qui a mal agi.
Enlève le chapeau de Clémence.

### Trente-neuvième Leçon.

u   v   y
# U V Y

Va à la cave. Y laisse ra - t on du vin ?
U lys se chan te ra. Vis se l' é crou.
Val se au son du vi o lon. Y a ta gau.
U ne plu i e me na ce. Vi te sau ve - toi.
Ven dan ge ta vi gne. Vi de le cu veau.

Un mur s' é crou la. Un ma çon tom ba.
Va boi re de l' eau. Y en a - t - il en co re ?
U ne pou le a pon du. Un coq a chan té.
Vic tor i ra à l'é co le. Y man que - t - il ?
Un cor beau a pa ru. Va len tin l'a vu.

Un li on a ru gi. Vir gi le a pâ li.
Voi là ton mou choir. Va le prendre.
Un bou chon flot te sur l'eau. Y o le.
Vic tor pleu re. Un do gue l'a mor du.
Y on se lè ve. Vou dra - t - il par tir ?

Y a-t-il du feu? Urbain va en faire.
Voici ma nièce. Voilà mon neveu.
Une guêpe m'a piqué. Victor l'a tuée.
Yvon s'en va. Voudra-t-il attendre?
Votre pâté sera bon. Y goûterai-je?


Va voir le jeune cheval d'Ulysse.
Une colombe mange le grain d'Yon.
Un moniteur fera lire Valentin.
Votre médecin a guéri Urbain.
Voilà le mouchoir qu'Ursule a vu.


Vendredi Yon mangera une poire.
Y a-t-il du vin à la cave d'Ulysse?
Votre sœur Ursule m'a salué.
Voici le chapeau de Victoire.
Urbain n'a pu écrire : Yatagan.


Victorine a lu : Yole à vendre.
Vendra-t-on le château d'Ulysse?
Victor va partir. Y songe-t-il?
Voudra-t-on que Valentin sorte?
Urbain a faim. Y a-t-il du pain?

**Quarantième Leçon.**

q      x      t      z

# Q    X    T    Z

Que boi ra - t - on? Ti re du vin rou ge.
Xan tip pe se fâ cha. Qu'y fai re?
Tin te la clo che. Zé li e ar ri ve ra.
Zo é m'a ap pe lé. Que lui ré pon dre?
Ta xi le boî te. Traî ne - t - il la jam be?

Zé phi rin se sau va. Qu'a - t - il vu?
Trem pe la sou pe. Ti re de l'eau.
Zé non a soif. Que boi ra - t - il?
Tâ che de li re. Xa vé ri ne t'é cou te.
Quen tin m'a trom pé. Ta sœur aus si.

Tra ce u ne li gne. Qui rin t'ai de ra.
Za bu lon ré pon dra. Que di ra - t - il?
Tis se la toi le. Tour ne la meu le.
Qu'ar ri va - t - il? Xé no phon se fâ cha.
Ta mè re a pleu ré. Zul mé e l'a vu e.

Zénobie s'emporte. Qui l'a fâchée?
Xénocrate a parlé. Zéa m'a peiné.
Ton malheur m'afflige. Que faire?
Qui a ri? Toute la classe a ri.
Tousse un peu. Tire ton mouchoir.

Te faudra-t-il de l'encre, Zulmée?
Témoigne de l'amitié à Xavérine.
Zoé peigna son frère Timoléon.
Qui t'a rendu le livre de Taxile?
Ton frère Quirin arrive ce soir.

Qu'arriva-t-il à Tiburce lundi?
Xantippe se fâche contre Zénon.
Qui a bu le vin rouge de Théodule?
Zéa éteindra la lampe de Taxile.
Que Théophile mange son pain.

Ta sœur aidera Quentin à lire.
Quentin a vu Zénon partir jeudi.
Toute la ville écouta Xénocrate.
Qu'on pompe de l'eau pour Zéphirin.
Quoi! Théodore n'a gagné qu'un sou?

### Quarante-unième Leçon.

è

## tu es beau

è     e     è     e     è     e

mes plumes, ses caisses, des salades
tes boîtes, les toiles, ces malices

Tu es fatigué. Montre-moi tes livres. Jules
te les portera. Tu déranges ces tables.
A-t-on vu mes plumes ? Voici les vôtres.
J'ai vu les mêmes pointes. Tu es difficile.
Range toutes ces hardes.

Charles a de grosses lèvres. Tu corriges
tes fautes. Tu es faible. Montre tes jambes.
Mange des légumes. Jules frotte ses paupières.
Faites ces chiffres. Tu pleures à chaudes
larmes.

Jacques a mangé mes poires. Tu cires
mes bottes. Trace des lignes. Tu es maigre.
Salue ces dames. Tu fumes des cigares.
Hugues apprête ses lignes. Lave ces linges.
Allonge tes membres.

Hugues place mal ses chiffres. Tu demandes des prunes. Tu es propre. Apporte mes mitaines. Charles vide ses poches. Il mange toutes les prunes. J'ai vu des chèvres. Tu es malade.

Tu grimpes sur les branches des saules.
Faites sortir les chèvres des granges.
Charles a rencontré mes jeunes frères.
Tu es chérie de toutes tes compagnes.
Déchire ces vilaines pages mal écrites.

Dites à Charles d'ouvrir ses fenêtres.
Laisse tes plumes neuves pour Jacques.
A qui ces jolies petites poules jaunes?
Tu es venu voir les pauvres malades.
Hugues noircira ses mitaines blanches.

Jules m'apportera mes grandes bottes.
Tu es l'ami des frères de ces dames.
Porte ces confitures à mes camarades.
Jules place des poires sur ses meubles.
Tu mérites les reproches de tes maîtres.

**Quarante-deuxième Leçon.**

# le chat, le nid, les bas

Tu a ga ces le chat. Louis a mis ses bas. Je re çus mes clés. Es-tu prêt? Je le suis. Le flot cou vrit le ma te lot. Ni co las but le fût de vin. J'ai vu vos gros ca bus. L'eau cou vrit les prés. Lis ce pe tit mot.

Tu boi ras ton cho co lat. De nis prit la cru che de grès. Je vis le ge nêt de la fo rêt Tu por tas le bal lot sur ton dos. Voi là les nu mé ros que j'ai vus. Tu pris ton sa bot. Un pot de grès fut cas sé.

Le chat prit la sou ris. Tho mas cou rut voir le sol dat. Il se tut dès qu'il m'en ten dit. Je crus voir ses bras nus. Le gros bé nêt ne sut pas li re. Tu bus de l'or geat. Tu dé cou vris le nid du li not.

Tu écriras des zéros. L'avocat lut l'arrêt. Tu videras le muid. Je reçus l'intérêt du prêt. Louis mit son paletot. Où as-tu mis nos dés ? Après-midi, il sortit. Place le gigot sur un plat. Lis plus vite,

Louis a pris le nid du petit linot gris.

Tu emportas sur un plat le jus du gigot.

Entendis-tu tantôt le cahot du chariot.

L'avocat lut l'arrêt que le juge rendit.

Je remplis le muid de bon petit vin gris.

Tu battras les blés que j'ai rentrés.

Un très gros rat parut près du fagot.

Nicolas vit le pus qui sortait de l'abcès.

Tu m'as dis que Denis ne fut pas prêt.

La brebis parcourut l'enclos de Thomas.

Il plut, il fit beau, puis Lucas partit.

Pourquoi semas-tu nos blés si drus ?

As-tu écrit des numéros sur ton ballot ?

Tu parcourus la forêt ; y vis-tu du genêt ?

Le soldat fatigué dormit sur un grabat.

### Quarante-troisième Leçon

# l'en fant,  le  mar chand
## é cou tons

A che tons du lard pour trois sous. L'en fant a vait des ru bans. Je dors pen dant la nu it. L'eau bout dans le pot. Le mar chand vend des ba lais. Où sont tous vos sacs ? Il fait chaud.

Le vent souf fle. Tu re vins tard. Cha cun veut sa part. Il faut que Si gis mond soit fort. Il fait froid. Be noît vint nous voir. Su is le bord de la ri vi è re. J'ai vu un laid cra paud. Crois - moi.

E cou tons le chant des ros si gnols. Pars pour l'é co le. Ces gar çons vont dans les bals. Le mo ri bond pous se des sou pirs. Les pol trons sont crain tifs. Nos chars sont sous les han gars.

Ces ga mins sont ta quins. Ils se ront pu nis. Nous nous fa ti guons. Ri chard n'é tait pas con tent. J'a vais bu de mau vais vin. Tu me dois de l'ar gent. Nous vo guons sur un lac pro fond. Sois pru dent.

Le poulain boit le lait de la jument.

Un laid crapaud vint sur le bord de l'eau.

Richard parlait de son parent défunt.

Un brigand se cachait dans les bois.

Nous distinguons le fond de l'égoût.

Un froid vent du nord soufflait partout.

Il manquait des tuiles en haut du toit.

L'enfant gourmand veut du pain frais.

François entend des cris plaintifs.

Tu sors plus d'un quart d'heure avant moi.

Les médecins m'ont vu fort souffrant.

Ils m'ont soigné tous les matins.

Le bûcheron fend le bois dans la forêt.

Je crois que Gérard veut de l'argent.

Ils boiront trois bols de lait chaud.

### Quarante-quatrième Leçon.

# il craint, un sourd

# tes mains

Joins tes mains. Nous fêtons la Toussaint. Tu as le teint frais. Nous n'avons point de vin. Éteins la bougie. Le sourd n'entend pas. On meurt tôt ou tard. Nos vins sont clairs. Défais ce nœud.

Les sainfoins sont coupés. Le renard court dans la forêt. On ne croit pas les menteurs. Il faut toujours dire la vérité. Je sors tous les soirs. Nous serons seuls dans les bois. Tu te plains.

Vois-tu mes sœurs? Je le crois. On craint le grand vent. Fais sortir les poulains. Les nègres sont tout noirs. Jules aura un bon point. Ton pantalon était très court. Les sacs sont pleins.

On peint le pla fond. La ju ment trai ne un lourd cha ri ot. Tu por tais ton vê te ment de ve lours. Mes sœurs la ve ront ces lin ceuls. Je plains les pau vres. Je les se cours. Le feu se ra é teint. Sè che tes pleurs.

Les chasseurs ont tué trois daims.

Edouard prend le ballot le plus lourd.

Tous nos sacs sont pleins de grains.

Richard écoutait le discours du prélat.

L'acteur a un pourpoint fort court.

On se plaint des ravages des loirs.

L'adjoint a ceint l'écharpe tricolore.

Nous saurons seuls faire le nœud.

Une pointe pénétrait dans ses chairs.

La crainte a fait battre nos cœurs.

Nos foins sont coupés depuis trois jours.

Un vent très chaud flétrit les fleurs.

Gérard n'avait point d'habit de velours.

Vos sœurs laveront leurs mains sales.

Tu feins toujours de faire tes devoirs.

# les chats, les nids
# les chevaux

Nos haricots sont cuits. Les moineaux font leurs nids. Chacun a ses défauts. Tu vidas les fûts de vin. Ne fais pas de mal aux lézards. Réparons nos torts. Pars dans trois quarts d'heure.

Les crapauds sont laids. Vos lits sont défaits. Ne me mords pas si fort. Les fourneaux sont chauds. Je dors mal toutes les nuits. Il remplit les muids de vin. La chaux fond dans l'eau.

Les cuveaux sont prêts. Je tords le linge frais. Nos chapeaux sont noirs. Fais boire nos petits oiseaux. Les canards sont dans la cour. Ils n'ont pas peur des renards. Où sont vos fléaux ?

Les chats man ge ront les rats. Vos che vaux sont beaux. É teins les ré chauds. Nous vo guons sur les ca naux. Les ge nêts sont dans les fo rêts. Brû le ces fa gots. Ces ri deaux sont nou veaux.

Le portefaix porte de gros ballots.

Les chevaux boiront trois seaux d'eau.

Tu entendras les cahots des chariots.

On n'aime pas les corbeaux criards.

J'ai vu les portraits des jeunes soldats.

Vois ces manteaux de peaux d'animaux.

Dans les troupeaux il y a des taureaux.

Les soldats sont sur les remparts.

L'eau ronge les hauts bords des canaux.

Ces chevaux noirs ne sont pas laids.

Les manteaux de laine sont chauds.

Tu ne revêts pas d'habits très beaux.

Les morts sont dans leurs tombeaux.

Ces nigauds font partir des pétards.

Il y a des nids de corbeaux dans les forêts.

**Quarante-sixième Leçon.**

# des gants, je couds

# u ne noix

J'ai mal aux dents. Tu as des che veux blonds. Les géants sont grands. J'en tends ta voix. Ré ponds-moi. Mes parents sont défunts. As-tu des bons poins. Mes ne veux se sont plaints. At tends-les.

Tu couds mieux que moi. Ces pla fonds sont peints. L'eau pas se sous les ponts. Prends ces bouts de sar ment. Ces poids sont lourds. Un chat roux court sur les toits. O te tes gants.

Veux-tu des noix? Les glands sont fa ri neux. J'ai u ne cor de à nœuds. Les hi boux ne sont pas beaux. Tu fonds de la poix. É cou te nos vœux. Ces pi eux sont fort courts. Nos fronts sont la vés.

Tu as deux genoux. Les méchants sont malheureux. Tu peux partir. Les tisserands font la toile. As-tu vu les mendiants? Ce sont des fainéants. Je fends du bois. Évitons les jeux dangereux.

Ces marchands m'ont vendu des gants.
Ceux qui se sont plaints seront punis.
Nous mangeons des ragoûts friands.
Ecoutons les vœux des malheureux.
Les vents froids font du mal aux plantes.

Nous n'avons pas d'enfants gourmands.
J'entends le cri affreux des hiboux.
Charles pleurait ses parents défunts.
Ne fais pas des bouts de bois si courts.
Si tu me réponds, j'entends ta voix.

Nos fronts sont ceints d'un bandeau.
Découds ces vieux vêtements si tu veux.
Ces poids sont plus lourds que ceux-ci.
Les tisserands font vite des nœuds.
Ces grands pieux ne sont pas droits.

é  è  è

ez  et  est

er  ets

ers

Vous mangez des beignets. Le muet ne peut parler Où est mon cahier? Il est chez nous. Mets tes souliers. Buvez dans le gobelet. Le lévrier chasse le gibier. Vous n'aimez pas le civet. Otez-le.

Étiez-vous chez le boucher? J'ai assez de papier. Emportez ces paquets. Les chapeliers font des chapeaux. Il est tard, allez vous coucher. Les poulets sont près des peupliers. Ramenez-les.

Prenez vos paniers. Qui est là? C'est Didier. Le valet du préfet est muet.. Un rocher domine le sentier. Je te promets des jouets. J'ai vu un baudet et un mulet. Où est le bouquet de châtaigniers?

Rangez votre corset. Les couteliers font des couteaux. Remets les lacets de tes souliers. Où est le fouet du cocher? Les cuirassiers sont des cavaliers. Mets ces navets dans le baquet.

Le vieux mulet traînait le cabriolet.

Didier a un beau bouquet de bluet.

Le mois de janvier est très froid.

Les roitelets sont dans les bosquets.

Allez chez le boucher et les boulangers.

Le mois de février est le plus court.

Retournez les goussets de vos gilets.

Le charpentier fait des planchers.

C'est l'écolier qui est le premier.

Prenez ce paquet et emportez-le.

Les brochets sont pris dans des filets.

Arrachez ces poiriers et ces pruniers.

Les boulangers font des pains mollets.

C'est Didier qui est le plus discret.

Vous n'avez qu'un nez et une bouche.

### Quarante-huitième Leçon.

è      ou      oi

aie      oue      oie

aies      oues      oies

aient      ouent      oient

Broie la craie. Tu bé gaies. Il faut que tu me voies. La boue est sa le. Les mou tons sau taient. Ces gar çons se tu toient. Tu joues tou jours. Mes cor dons se dé nouent. On tond la haie du jar din.

On dé ploie le dra peau. Il faut que tu ba laies. Les che vaux cou raient. Les jeu nes chats jouent. A voue ta fau te. N'aie pas peur. Tu me cou doies. Les sol dats mar chaient. Ils ne me voient pas.

Les chats n'a boient pas. Il faut que tu aies chaud. Tu ru doies les che vaux. La roue tour ne. En voie-moi du pain. Tu se coues la bran che. Mes chaus su res se trouent. J'ai me tes gaies chan sons.

Tu cloues mal la plan che. Paie ce que tu dois. J'ai un fil de soie. Où é taient les mar chands ? Ils te croient par ti. Où m'en voies-tu ? Tu fais la moue. Tu raies le ta bleau. Se coue et la ve les houes.

Les chevaux marchaient dans la boue.

Il faut que tu voies mon chapeau de soie.

Tu secoues les branches qui ploient.

Tu égaies ceux qui te voient si jovial.

Mes sœurs ne croient pas que tu aies soif.

Les daims couraient sous la futaie.

Tu déblaies la voie encombrée de débris.

Médor aboie après ceux qui jouent.

Il faut que tu m'envoies de la craie.

J'ai tracé une raie sur la courroie.

Les roues du chariot sont dans la boue.

J'ai vu douze oies qui nageaient sur l'eau.

Renoue tes cordons, ils se dénouent.

Mes frères jouaient près de la haie.

Tu loues ceux qui se dévouent pour nous.

## Quarante-neuvième Leçon.

# il l  eil  ouil

## eil l  ouil l

## euil  ail

## euil l  ail l

Le soleil brille. Le bouvreuil gazouille. Étrille le poitrail du cheval. L'écureuil sautille. L'abeille voltige. J'ai vu une grenouille. On taille la treille. Le chevreuil bondit.

On brûle la houille. Surveille le bétail. Mets le fauteuil près de la muraille. Guillaume est douillet. Le carpillon frétille. Le vieillard s'éveille. Je feuilletais mon cahier.

Mouille la paille. Veuillez sortir. Vous baillez. On m'a tiré l'oreille. Tourne le feuillet. Le feu pétille. J'ai une médaille. Que me conseillez-vous? Veille et travaille sans babiller.

Dépouille la grenouille. La caille a chanté.
Ma fille s'habille. Un treuil est sur le puits.
Ces haillons sont souillés. Les feuilles
tomberont. Tu me chatouilles. Vide la
bouteille.

La chenille ronge la feuille du chou.
Surveillons le travail de l'enfant.
Crois-tu que ma fille veuille sortir?
Je préfère l'andouille au bouillon.
Le bétail mange de la paille fraîche.

Les feuilles du tilleul sont mouillées.
J'ai bu une bouteille du vin de la treille.
La caille s'envole et va ailleurs.
Apporte-moi de meilleures billes.
Veuillez placer la houille près du mur.

Mon vieil oncle est dans son fauteuil.
Le brouillard mouille les feuilles.
L'anguille se tortille sur le pré.
Emporte ces cailloux dans la corbeille.
Mon filleul s'habille et va travailler.

### Cinquantième Leçon.

ai i      oi i      ui i

## pay ez  voy ez  fuy ez

z      z

ro se    u sé

J'ai payé mon crayon. Tu as broyé un noyau. Le pays est giboyeux. Basile s'amuse. Le paysan prend son hoyau. J'ai besoin de sortir. On voyait des noix sur le noyer. Tu t'appuyais sur la chaise.

Thérèse bégayait sa leçon. J'ai payé mon loyer. Retirez la braise du foyer. Le balayeur s'est reposé. Sans moi il se noyait. Ne soyez pas si bruyants. J'ai usé mon crayon. Je voyais son corsage.

Tu égayas mon joyeux cousin. Voyons qui a causé? Balayez et arrosez la salle. Penses-tu à payer ta maison? J'ai rayé l'ardoise. Posez ce tuyaux doucement. J'ai taillé plusieurs crayons.

La frayeur me prit. Je fuyais. Le voyageur visite le pays. Ursule nous tutoyait. Le passage est frayé. Voyais-tu le joyeux pinson? Il m'égayait par ses chants. Ces fraises sont délicieuses.

Rose m'a envoyé une chemise décousue.
La frayeur s'empara du fossoyeur.
Ambroise s'appuyait contre la cloison.
Mon cousin a pensé à balayer la cuisine.
Basile a payé ce clayon trente sous.

Le joyeux vigneron écrasait le raisin.
On m'a envoyé les tuyaux du calorifère.
Le métayer vend la toison de ses moutons.
Nous ne payons nos crayons qu'un sou.
On ne voyait pas les rayons de la roue.

On dansera au son de la joyeuse musique.
Le pinson se posa sur la branche du noyer.
Le balayeur écrasa un noyau d'abricot.
On rudoya le voleur qui s'enfuyait.
Ayez grand soin du voyageur fatigué.

### Cinquante-unième Leçon.

èr'              ès'

# le ver re, la mes se

èt'

# la let tre

Le berger sort de la ferme. Célestin s'est blessé. L'épervier guette la fauvette. Mettez la baguette à terre. Il essayait sa veste. Germain jette une pierre. Berthe fera la sieste.

Les bestiaux mangeront l'herbe. Je bercerai ma sœur cadette. N'essuyez pas cette assiette. Pierre espère rester. Achetez des noisettes. Dessinez ma casquette. Cherchez mes lunettes.

Le fermier descend l'escalier. Albertine est muette. Reste dans ta cachette. La luzerne est verte. Juliette va à la messe. L'escargot reste à terre. Henriette ne respire presque plus.

Célestine est coquette. Ferme la lanterne. Cesse de fumer ta cigarette. Permettez-moi de rester. Ce terrain est fertile. Remettez ces betteraves sur la brouette. Nettoyez-les.

J'ai essayé de percer la planchette.
Veuillez me permettre de descendre.
Le domestique nettoyait ma serpette.
Le desservant descend du presbytère.
Cette fillette a renversé son verre.

Mettez cette brouette dans la bergerie.
Juliette a presque terminé son dessin.
Cherchez la violette dans l'herbe.
Je m'empresse de mettre ma veste verte.
L'escabeau est derrière l'estrade.

Mettez l'adresse sur cette lettre.
Bernard a un merle et un perroquet.
Pierre remettra ma lettre à Célestin.
Il ne reste presque plus de cresson.
Passe derrière l'essieu de la charrette.

### Cinquante-deuxième Leçon.

èc        èl        èf

le bec     le sel     la nef

la bec quée la sel le la greffe

èp

le per cep teur

L'hi ron del le a un lar ge bec. De la nef on voit l'au tel. Ac cep te l'of fre d'Hec tor. L'ins pec teur ne m'ef fraie pas. Mar cel a du pain sec. Le gref fi er scel la la lettre. Il par la avec ef fu si on.

Quel in sec te as-tu vu? U ne sau te rel le. Ef fa cez ce rec tan gle. Le per cep teur ar ri ve. Ce pru nel li er s'ef feuil le. Le di rec teur a vu l'ins pec teur. Quels sont ses gri efs? J'hu mec te la fi cel le.

De quel rep ti le par les-tu? Mi chel a greffé un pru nel li er. Res pec te tes pa rents. L'hi ron del le ef fleu re l'eau. Cet te sec te a peu d'a dep tes. Il sel le, il at tel le et il dé tel le le che val.

Tu m'intercep tes le jour. Soyez bref. Il me regar da avec ef froi. Ac cep te cet te collecte. Ce spec ta cle m'effray a. J'ai me le miel. Elle ef fec tu a ce cal cul. Tel est l'effet des bons précep tes.

Abel épellera les mots de la lecture.
J'appelle l'architecte et le percepteur.
Ce fieffé coquin invectiva contre moi.
La septuagésime arrive après Noël.
Le mur du bief s'effondra effectivement.

L'architecte vit l'autel de la chapelle.
Le dyspeptique prend de la pepsine.
Ce lecteur a quelque chose d'affecté.
Le colonel fit rectifier le mouvement.
Le greffier s'efforça d'être bref.

Marcel est né au mois de septembre.
Un mot affectueux flatta l'électeur.
Un cri effroyable partit du beffroi.
Le recteur appelle l'inspecteur.
Un projectile effleura la nacelle.

**Cinquante-troisième Leçon.**

e                    è

**ils** par lent      A le xan dre

**elles** li sent      pré tex te

Où vont tes pa rents? Ils sor tent Mes sœurs sont ve xées. El les pleu rent. El les n'e xé cu tent pas leur tra vail. El les pré tex tent la fa ti gue. Com prends - tu ces gens? Ils s'ex pli quent mal.

Ces ga mins sont con tents. Ils cou rent, ils sau tent, ils dan sent. J'ai bu d'ex cel lent vin. J'en tends sou vent ses ré fle xi ons. El les plai sent; el les prou vent que tu e xa mi nes tout e xac te ment.

Cent sol dats font l'e xer ci ce. Ils mar chent len te ment. E xa mi nez mes dents. El les jau nis sent. Tes ca ma ra des sont mé con tents. Ils se fà chent; ils n'ex cu sent pas ta lé gé re té ex ces si ve.

A le xan dre ar ro se ses fleurs. El les sè chent;
el les meu rent. E xa mi nez ces gar çons. Ils
s'ex ci tent mu tu el le ment. Ces gens m'ont
men ti. Ils vi o lent leur ser ment. Un vent
vi o lent souf fle.

Alexandre boit de la bière exquise.

Où vont tes frères? Ils m'appellent.

Ils sortent; ils veulent s'expliquer.

Mes sœurs sont parties. Elles voyagent.

Elles quittent, elles suivent la route.

Entends ces malheureux. Ils pleurent.

Ils souffrent; ils gémissent souvent.

Examinez ces dames; elles mangent.

Elles boivent d'excellent vin gris.

Elles s'expriment exactement.

J'exploite une industrie textile.

Il souffle un vent extrêmement froid.

Excusez mes cousins; ils travaillent.

Ils coupent des baguettes flexibles.

Ils m'expliquent qu'elles repoussent.

## Cinquante-quatrième Leçon.

t                        s                il

**nous** por **tions** des por **tions** vil le

la ques **tion**     la pu ni **tion**    mil le

il

**il lu mi ne**

Nous da tions la dé li bé ra tion. A pos til le la pé ti tion. Nous mon tions sans pré cau tion. Ma fil le mou rut d'u ne con ges tion. Il lu mi ne l'ha bi ta tion. Nous ré ci tions la com po si tion.

Nous re dou tions des pu ni tions. Prends des pré cau tions con tre l'in di ges tion. J'é che nil lais la plan ta tion. Au vil la ge nous vo tions pour l'é lec tion sui vant nos con vic tions.

Cher che la so lu tion de la ques tion. Nous n'é tions pas mil le. J'ai l'in ten tion de faire u ne il lu mi na tion. Nous n'em por tions qu'u ne por tion. Guil lau me m'ap por te un bil let il li si ble.

Nous por tions sa po tion. Des bas tions pro tè gent la vil le. Nous n'ac cep tions pas de sous crip tion. Il faut que nous vo tions la di mi nu tion des con tri bu tions. Fais ta sous trac tion.

Le villageois mourut d'une indigestion.

Nous n'écoutions pas l'explication.

C'est l'habitation que nous souhaitions.

Cette assertion causa de la déception.

Nous n'inspections pas le bastion.

Nous nous contentions de la subvention.

Il y a deux mille maisons dans la ville.

Nous sautions sans précaution.

C'est la motion que nous votions.

Nous n'adoptions pas votre résolution.

Nous fêtions la population du village.

Ma fille vit la brillante illumination.

C'est la proposition que nous rejetions.

A tes questions, nous restions muets.

Nous sortions pendant l'inspection.

### Cinquante-cinquième Leçon.

ma **can** ne  la **flam me**

**in** né  **im** men se

per son ne  l'**hom me**

Le han ne ton bour don ne. Je lis cou ram ment. Com ment te nom mes - tu ? Cette in no va tion m'ac com mo de. On ne voit per son ne dans la plai ne im men se. La pou dre s'en flam me et le ca non ton ne.

J'ai vu un ton neau im men se. Su zan ne est fort mi gnon ne. On tan ne le cuir. Mon te au som met du pom mier. U ne fou le in nom bra ble en vi ron nait la co lon ne. Le com man dant res ta im mo bi le.

Don ne - moi ta gram mai re. J'ai u ne bon ne can ne. On van ne le blé. Qui t'a com man dé de son ner ? On re con naî tra l'in no cent. L'im men-si té du ci el est ja lon née d'é toi les. Tu m'in com-mo des cons tam ment.

On re con nut vo tre in no cen ce. Le dé cagram me pèse dix gram mes. On le ban ni ra
in ces sam ment. J'ai som meil. Je t'an non ce u ne
bon ne nou vel le. Il y a des pom mes cet te an née.
Voi là ta gom me.

Je ne veux pas d'honneur immérité.

La flamme pétille constamment.

Le hanneton cause un dommage immense.

Nous vîmes d'innombrables vanneaux.

Le sonneur annonce la fête annuelle.

On ne punit pas l'homme innocent.

Le tonnerre gronde ; l'orage s'annonce.

Quelle mode innove-t-on cette année ?

C'est dommage que Marianne grisonne.

Il s'étonne d'une punition imméritée.

Je soupçonne une chute imminente.

Il se fâcha d'une épigramme innocente.

Le kilogramme pèse mille grammes.

Cette pomme n'est pas bonne à manger.

Le bois s'enflamma immédiatement.

i   in                è

**Lu ci en     la ga ren ne**

**re vi ens**

a

**pru dem ment**

Le chi en et la chi en ne a boient. Vi ens voir le mu si ci en. A gis pru dem ment. Tu n'ob ti ens ri en sans pei ne. Ju li en n'a pas d'é tren nes. Tu en tre ti ens bi en ta mai son. Ju li en ne est mu si ci en ne.

E ti en ne par le é lo quem ment. Ti ens bi en ta plu me. L'en ne mi s'a van ce pru dem ment. Pré vi ens le gar di en. Je re vi ens de l'au di en ce. A dri en chan te u ne an ti en ne. Des li ens nous re ti en nent.

Vi ens fré quem ment me voir. Les co mé di ens re vi en nent de main. Je sou ti ens d'an ci en nes pré ten tions. Je main ti ens mes droits. Veux-tu que je pré vi en ne la gar di en ne? Je n'y ti ens pas.

Lu ci en par le im pru dem ment. Il dé si re que tu n'ob ti en nes ri en. Te sou vi ens tu bi en de mon chi en? Où est le ti en? Je vis ré cem ment ma cli en te. Tu de vi ens bi en plus grand que Fé li ci en.

Il faut que tu viennes fréquemment.

Le chirurgien soigne sa clientèle.

D'où viens-tu? Apparemment de jouer.

Il faut qu'Adrien prenne ces liens.

A qui le chien que tu viens de chasser ?

Etienne a tué un lapin de garenne.

L'expérience réussit fréquemment.

Tu retiens les musiciens à déjeuner.

Je désire ardemment revoir Lucien.

As-tu vu Julien à l'audience ce matin?

Il désire que l'ennemi nous surprenne.

Emilien n'est pas décemment vêtu.

J'ai vu une expérience scientifique.

Où est ma chienne ? Voilà la tienne.

Combien d'anciens musiciens sont là?

# Du même Auteur :

1º **Tableaux de Lecture**, présentant, pour chaque leçon du Livret, des exercices spéciaux pour l'étude des éléments (lettres et syllabes).

En feuilles...................... **1** fr. **80**
Collés sur carton.............. **4** francs.

2º **Cahier de Notes de classe**, permettant d'arrêter, en quelques minutes, le programme journalier des leçons et des exercices d'application pour chaque matière d'enseignement.............. **1** fr. **10**

Par la poste.................... **1** fr. **35**

# Pour paraître prochainement :

3º **Tableau de l'Emploi du temps**, pour une école à quatre divisions dirigée par un seul maître. Avec quelques légères modifications, il peut s'adapter aux besoins d'une école à trois divisions.

4º **Exercices de Récitation**, recueil de morceaux choisis pour le *Cours élémentaire*, classés suivant un plan qui exige des élèves un effort graduel de mémoire très favorable au développement de cette faculté.

5º **Méthode d'Ecriture**, en rapport avec la méthode de Lecture.

Charleville. — Typ. et Lith. de F. Devin, A. Anciaux succr.

www.ingramcontent.com/pod-product-compliance
Lightning Source LLC
LaVergne TN
LVHW021726170726
843503LV00004B/1443